Zukünfte
Offen für Vielfalt

Das Handbuch für den klugen Umgang mit dem Später

Stefan Bergheim

Verlag:
ZGF Verlag
Dr. Stefan Bergheim
Wilhelm-Busch-Str. 45
60431 Frankfurt am Main

stefan.bergheim@zukünfte.org

Umschlag und Illustrationen:
Heike Jane Zimmermann

Druck:
epubli – ein Service der neopubli GmbH, Berlin

Für Carla und Felix

Inhalt

Zukünfte in den Blick nehmen

Leben ist Veränderung. Es lässt viele Möglichkeiten zu und eine große Offenheit für das was kommen könnte. Zum Glück. Sonst wäre alles vorherbestimmt und wir Menschen wären nur ausführende Organe irgendeines Planes. Jede Organisation, jede Gesellschaft besteht aus vielen lebendigen Menschen, die eine große Zahl von Möglichkeiten sehen und täglich Entscheidungen treffen. Diese Menschen haben jeweils eigene Bilder von möglichen, wahrscheinlichen und wünschenswerten künftigen Entwicklungen im Kopf. Daher verwende ich in diesem Buch den Plural: Zukünfte. Viele Menschen haben viele Vorstellungen von Zukünften. Und die Offenheit der künftigen Entwicklungen bedeutet ebenfalls, dass wir in vielen Zukünften denken sollten. Natürlich wird nur eine dieser Zukünfte später Wirklichkeit werden. Dann ist sie allerdings nicht mehr Zukunft, sondern Gegenwart.

Dieses Buch richtet sich an alle, die sich mit der Zukunft befassen. Also eigentlich an alle Menschen. Denn selbst wenn Sie über die Straße gehen, befassen Sie sich mit der Zukunft. Wird der Fahrradfahrer von rechts gleichzeitig mit Ihnen an einem bestimmten Punkt sein? Dann sollten Sie ihren Plan zur Überquerung der Straße entsprechend anpassen. Für diese Anpassung benötigen Sie dieses Buch nicht. Oft lässt sich die künftige Entwicklung allerdings nicht so leicht vorhersagen und entsprechend belastbare Pläne lassen sich nicht aufstellen.

Diese Sicherheit und Planbarkeit wünschen wir uns vielleicht. Allzu oft ist sie unrealistisch. Die großen Verwerfungen des Jahres 2020 haben die Unsicherheit und die Offenheit der Zukunft für alle sichtbar gemacht.

Für einen souveränen Umgang mit dem Später

Schon vor Covid-19 fühlten sich viele Menschen vom Umgang mit den offenen, ungewissen Zukünften überfordert. Ihnen bietet dieses Buch einige Wegweiser, Hintergründe, Erfahrungen und Handlungsideen für einen souveränen Umgang mit dem Später. Es soll ihnen ermöglichen die verschiedenen Bilder und Annahmen über die Zukunft schon in der Gegenwart sichtbar und nutzbar zu machen.

Dafür gibt es eine große Zahl von Zugängen und Methoden. Die Kompetenz diese Methoden für verschiedene Zwecke einzusetzen, nenne ich Zukünftebildung. Es könnte eine der wichtigsten Kompetenzen der Menschheit im 21. Jahrhundert sein. So wie Lesen und Schreiben zu können seit dem 19. Jahrhundert eine zunehmend wichtige Kompetenz ist.

Als Menschheit haben wir entschieden, dass nicht nur einige wenige Menschen lesen und schreiben können sollten, sondern möglichst viele. Dieses Buch will einen Beitrag dazu leisten, dass möglichst viele Menschen kompetent mit der Zukunft umgehen können. Nicht jeder, der lesen und schreiben kann, wird Gedichte oder eine Dissertation verfassen. Es hat sich aber als hilfreich und wichtig herausgestellt, dass Menschen zum Beispiel die Zeitung oder eine Gebrauchsanweisung lesen oder einen Brief an Verwandte schreiben können. Ähnliches gilt für die Zukünftebildung: Sie sollte eine Kompetenz für alle Menschen werden, auch wenn dort nicht jeder als Prozessdesigner oder Autor von Forschungspapieren aktiv werden wird. Jeder kann diese Kompetenz im Alltag nutzen. Dafür bietet das Buch konkrete Anregungen.

Leicht wird das nicht und wir stehen erst am Anfang einer Entwicklung. Viele Menschen sehnen sich nach größtmöglicher Stabilität und Sicherheit in allen Lebensbereichen, nach umfassender Planbarkeit. Sie suchen nach eindeutigen Zusammenhängen zwischen Ursache und Wirkung. Sie möchten klare Lösungen für die großen Probleme und sie wollen exakte Antworten auf ihre Fragen. Manche Führungskraft in Politik, Wirtschaft, Presse und sogar der Wissenschaft verspricht diese Klarheit, diese Sicherheit. In unseren modernen, komplexen Gesellschaften ist dies für viele wichtige Themen eine Illusion – oder mit gewaltigen Einschränkungen von Freiheit, Vielfalt und Lebendigkeit verbunden.

Offenheit und Ungewissheit als Geschenk

Dieses Buch zeigt einen anderen Weg auf. Es ist eine Einladung dazu, die Offenheit und die Ungewissheit der Zukunft als Geschenk anzunehmen, neue Möglichkeiten zu entdecken und mit ihnen kompetent umzugehen. Aus einer tiefsitzenden Angst vor der Zukunft kann so neue Hoffnung, neue Zuversicht, neues Handeln entstehen. Das Buch soll das Verständnis für die Zusammenhänge stärken und Lust auf eigene Aktivitäten machen. Durch die eigene Anwendung neuer Ideen lernen wir intensiver und verbessern unsere Fähigkeiten. Lesen und Schreiben haben wir nicht gelernt, indem wir lediglich Vorträge gehört haben.

Wir haben es selbst gemacht. Wir haben klein angefangen, zunächst mit einzelnen Buchstaben, dann Wörtern, später stockend ganze Texte, irgendwann fließend.

Auch Zukünftebildung lässt sich Schritt für Schritt durch eigenes Tun stärken. Langfristig werden Sie mit vielen unterschiedlichen Zukünften experimentieren können. Sie werden Ihre Vorstellungskraft stärken, innovativer sein. Zudem werden Sie besser mit der kollektiven Intelligenz ihrer Organisation arbeiten können. Sie werden kraftvollere Fragen entwickeln. Sie werden die Bedeutung von Improvisation, Spontaneität und Spielen entdecken oder wiederentdecken. Vermutlich werden Sie auch demütiger, gelassener, entspannter.

Falls Sie all das bereits machen oder können, dann bietet dieses Buch hoffentlich auch Ihnen noch relevante Hintergründe und weitere Inspiration. Falls Sie einiges davon schon länger gerne machen würden, dann bietet dieses Buch einige Argumente und viele Ideen für erste konkrete Schritte zu mehr Zukunftsarbeit. Sollten Sie mit einigen der genannten Begriffe nicht viel anfangen können, dann ist das kein Problem. Wer Lesen lernt, der muss für den nächsten eigenen Schritt auch nicht wissen, was eine Ode oder eine Dissertation ist, wer Shakespeare oder Goethe waren.

Zwei Säulen

Das Buch steht auf zwei Säulen. Erstens, meinen eigenen praktischen Erfahrungen mit großen Zukunftsprozessen, die ich in den vergangenen 10 Jahren begleitet oder selbst organisiert habe. Das beginnt mit dem Prozess zur Zukunft der Sozialen

Marktwirtschaft, geht über meine Tätigkeit als Kernexperte im Zukunftsdialog der Bundeskanzlerin und im wissenschaftlichen Beirat der Regierungsstrategie „Gut leben in Deutschland" bis zu den Prozessen „Schöne Aussichten – Forum für Frankfurt" und #gutlebendigital des von mir geleiteten gemeinnützigen Vereins „ZGF – Zentrum für gesellschaftlichen Fortschritt". Diese Prozesse sind im dritten Teil des Buches beschrieben. Über sie habe ich viele wunderbare Menschen getroffen und enorm viel über Inhalte und Methoden gelernt.

Die zweite Säule des Buches ist die enge Zusammenarbeit mit Zukünfteforschern wie Riel Miller in der UNESCO, der das Thema „Futures Literacy" (Zukünftebildung) vorantreibt. In seinem Buchprojekt „Transforming the Future – Anticipation in the 21st Century" konnte ich den Analyserahmen "Futures Literacy Framework" mitentwickeln, die Fallbeispiele editieren und unseren Prozess „Schöne Aussichten – Forum für Frankfurt" als „Extended Futures Literacy Process" vorstellen. Mit Riel habe ich „Futures Literacy Labs" in Dubai und Dublin durchgeführt, das „Global Futures Literacy Design Forum" in Paris mit kuratiert und 2020 den „High-Level Futures Literacy Summit" vorbereitet. Die Einblicke und Erfahrungen aus dieser Zusammenarbeit finden sich im Buch in hoffentlich leicht verständlichem Deutsch wieder.

Basis – Werkzeuge – Anwendungen

Das Buch bietet in seinen drei Abschnitten zunächst grundsätzliche Überlegungen, dann konkrete Werkzeuge und Methoden und zum Schluss meine eigenen Erfahrungen aus größeren Zukunftsprozessen. Wer besonders an diesen praktischen Erfahrungen und Ergebnissen interessiert ist, springe zu den Kapiteln 16 bis 19 und kann sich später den etwas theoretischeren Kapiteln 1 bis 5 zuwenden.

Wer nützliche Werkzeuge für den Umgang mit eigenen Zukunftsthemen sucht, beginne im mittleren Teil ab Kapitel 6 und schaue dann rechts oder links davon. Und natürlich kann man das Buch auch in der hier aufgeschriebenen Abfolge lesen: Theorie, Werkzeuge, Anwendung. Jedes Kapitel ist in sich abgeschlossen und erfordert keine Kenntnisse der früheren Kapitel. Es endet mit konkreten Ideen für nächste Schritte der Leser, damit sie ihre eigene Zukünftebildung aktiv stärken können.

Mein großer Dank gilt allen Menschen, die meinen Zukünfteweg in den letzten 15 Jahren geprägt und begleitet haben, die die Prozesse und Studien durch ihr Engagement ermöglicht haben, die mich in ihre Prozesse und Veranstaltungen eingeladen haben, mit denen ich diskutieren durfte, von denen ich lernen durfte, die mit ihren Empfehlungen meine Bibliothek anwachsen ließen, die kritisch hinterfragten. Einige dieser Menschen werden in diesem Buch erwähnt. Ich entschuldige mich bei allen, die nicht namentlich genannt werden.

DIE BASIS
DIE WERKZEUGE
DIE ANWENDUNG

1 Miteinander reden – der Dialog

Ein graues Telefon mit Drehscheibe, dick umwickelt mit einer Mullbinde. Ein Kassettenspieler, ebenfalls umwickelt, sodass die Töne nur noch schwer zu hören sind. So stellt die Künstlerin Barbara Meisner die Schwierigkeiten der Kommunikation in ihrer Kindheit dar. Über viele wichtige Themen wurde in ihrer Familie und ganz allgemein in Deutschland kaum gesprochen. Dazu gehören die traumatischen Erfahrungen der geburtenstarken Jahrgänge um 1940. Sie erlebten als kleine Kinder Krieg, Hunger, Tod, Flucht und Vertreibung in zerbombten Städten, auf dem Land oder auf endlosen Wanderungen in Richtung Westen. Nach dem Krieg prägten die Kriegskinder mit diesen schrecklichen Erfahrungen Deutschland. Sie bauten Institutionen der Sicherheit und Stabilität auf, für die wir alle dankbar sein können. Manchen jüngeren Menschen mit anderen Prägungen erscheinen sie heute als zu wenig flexibel.

Wie wenig über diese Traumata gesprochen wurde, das zeigte uns Barbara Meisner mit ihrer künstlerischen Darstellung auf einem Treffen der Kriegsenkel, also der Kinder der Kriegskinder. Da wurde mir klar, warum mir miteinander zu reden so wichtig ist und warum es manchmal schwer ist, dafür die passenden Foren und Mitstreiter zu finden.

Intensive, vertrauensvolle Gespräche

Das Schweigen über diese traumatische Zeit, auch über Schuld und Verantwortung der Großeltern, hat dazu beigetragen, dass wir in Deutschland und vermutlich anderswo den Dialog nicht praktiziert und erlebt haben. Mit Dialog meine ich aufbauend auf Sokrates, David Bohm, Martin Buber und William Isaacs ein intensives, vertrauensvolles Gespräch zwischen Menschen, das zu einem tieferen Verständnis füreinander führt und neue Möglichkeiten eröffnet. Dieser Dialog hat sich in meinen Projekten der letzten Jahre als Basis herauskristallisiert.

Zusätzlich zur Kriegserfahrung gibt es weitere Erklärungen dafür, warum echter Dialog in Deutschland und anderswo nicht leicht ist. In den letzten Jahrzehnten hat eine wissenschaftliche Disziplin die Gesellschaft hierzulande und weltweit besonders stark geprägt: die Volkswirtschaftslehre, die Disziplin, in der ich ein Diplom und einen Doktorgrad erhalten habe. Dort gibt es keinen Bedarf für Dialog. Nötig ist lediglich, dass die Marktteilnehmer ihre Preise, verfügbaren Mengen und Qualitäten sichtbar machen. Dann stellt jeder den passenden Warenkorb zusammen, Geld und Ware wechseln den Besitzer. Fertig. Wer nichts oder zu wenig verkauft hat, der scheidet aus dem Markt aus. Wer viel verkauft hat, hebt die Preise im nächsten Durchgang wahrscheinlich an. Ein Dialog über individuelle oder gesellschaftliche Bedürfnisse ist nicht notwendig. Über wünschenswerte Zukünfte muss nicht gesprochen werden, da in dieser Theorie der freie Markt die Wünsche der Menschen sichtbar macht. Der beste Weg in die Zukunft ist in dieser Erzählung eine Ausweitung des Marktes auf immer mehr Bereiche: Privatisierung, Deregulierung und Liberalisierung.

Das war das Mantra einer wachsenden Zahl von Volkswirten spätestens seit den 1980er Jahren. Als neoklassisch ausgebildeter Volkswirt war ich von 1997 bis 2008 bei der Investmentbank Merrill Lynch und in der Deutschen Bank mittendrin in dieser Erzählung. Und bin geflohen, da diese Grundideen in vielen wichtigen gesellschaftlichen Themen zu kurz greifen. Wir können unser Bildungssystem nicht allein vom Markt organisieren lassen, unsere Demokratie ebenso wenig und schon gar nicht unser so wichtiges Zusammenleben in Familie, Nachbarschaft und in den Städten. Gleiches gilt für Sicherheit, Umwelt, Kultur und Mobilität. Alles das sind die wichtigen Themen für die Lebensqualität der Menschen und die Zukunft unserer Gesellschaften. Ohne Dialog können wir diese Themen nicht zufriedenstellend angehen, können wir nicht herausfinden, was uns Menschen wirklich wichtig ist und wo Handlungsbedarf besteht.

Dialog und Hierarchie

Ein weiterer Punkt erschwert in Deutschland das offene, ehrliche Gespräch auf Augenhöhe: die Hierarchie. Manche Personen halten Dialog für nicht so wichtig, da sie an hervorgehobener Stelle sitzen und über die Zukunft entscheiden können. Hier wirken Prägungen aus dem Kaiserreich und den autoritären Regimen bis 1945 oder im östlichen Teil Deutschlands bis 1990 nach. Diese Prägungen setzen sich bewusst oder unbewusst bis in die Unternehmen und in die politischen Parteien hinein fort. Zugespitzt gefragt: Warum mit den einfachen Arbeitskräften reden, was wissen die schon? Warum im Gespräch mit der Wählerschaft bleiben, schließlich hat diese mich ja für fünf Jahre zu ihrem Repräsentanten gewählt?

Ein anderes Vorgehen sind wir noch nicht gewohnt, haben wir nicht geübt. Hierarchische Strukturen sind dann stabil, wenn die Anweisungen von oben weiter unten umgesetzt werden. So wollen sich heute immer weniger Mitarbeiter und Menschen verhalten. Sie sehen selbst, was funktioniert und was nicht. Sie haben reichhaltige Erfahrungen, die für den Erfolg einer Organisation und einer ganzen Gesellschaft wichtig sind. Diese Menschen wollen sich einbringen. Das heißt nicht, dass jeder über alles mitreden sollte. Rechtschreibung lernen Kinder nicht im Dialog. Fakten zum Klimawandel stehen nicht zur Diskussion. Das Potential des Dialogs ist aber noch lange nicht ausgeschöpft.

Die Kunst, gemeinsam zu denken

Die Tür zum Dialog hat für mich Heiko Roehl aufgemacht, nachdem er 2009 zur Eröffnungsfeier des Zentrums für gesellschaftlichen Fortschritt gekommen war. Dort skizzierte ich unser Vorhaben, dem Thema Lebensqualität in Deutschland eine höhere Sichtbarkeit und mehr gesellschaftliche Relevanz zu verschaffen. Daraufhin sagte er mir: „Stefan, was Du hier vor hast, ist ein Veränderungsprozess auf der gesellschaftlichen Ebene. Schau Dir an, welche Methoden dazu auf der Ebene der Organisationen eingesetzt werden." Er verwies mich auf sein eigenes Buch zu „Mapping Dialogue" und auf die bereits erwähnten Vordenker wie David Bohm und William Isaacs.

Für William Isaacs ist der Dialog die Kunst, gemeinsam zu denken und eine Konversation mit einer Mitte statt mit Seiten zu führen. Deshalb wird er üblicherweise in Kreisen abgehalten, wo niemand eine hervorgehobene Position hat. Issacs unterscheidet den Dialog von anderen Formen der Konversation. Für den kompetenten Umgang mit der Zukunft ist es wichtig zu wissen, welche Form man vorfindet oder gestalten möchte. Will man eine Debatte (von französisch débattre „(nieder-) schlagen") haben, in der die Redner den jeweils eigenen Standpunkt geschickt in Worte kleiden und verteidigen? Den meisten Applaus erhält dort der mächtigere, lautere, eloquentere oder auch der witzigere Redner. Man hört nicht zu, um zu verstehen, sondern um an der eigenen Gegenrede zu feilen. Orte für Debatten sind Parlamente, Debattierclubs, Podiumsdiskussionen und abendliche Talkshows im Fernsehen. Die Rollen und der Ablauf sind klar, viel Neues kann so allerdings nicht entstehen. Zudem überzeugt man in einem solchen Format ohnehin nur selten sein Gegenüber. Vielleicht einige der Zuhörenden. Oder will man wenigstens eine Diskussion, in der man gemeinsam ein Thema untersucht und vielleicht zu einer Synthese der ursprünglichen Standpunkte kommt? Dann besteht mehr Offenheit dafür, vom anderen etwas zu lernen, dessen Argumente und Daten zumindest anzuerkennen und zu betrachten.

Isaacs geht es vor allem um die Möglichkeiten eines reflektiven und generativen Dialogs, in dem neue Ideen aus der kollektiven Intelligenz der Teilnehmenden entstehen. Er möchte den unterliegenden Ursachen, Regeln und Annahmen eines Themas nachgehen, um tieferliegende Fragen sichtbar zu machen. Isaacs bezieht sich auf den Physiker David Bohm. Dieser sieht im Dialog eine Möglichkeit, um gemeinsam zu denken und so „auf intelligente Weise tun zu können, was auch immer getan werden muss".

Ein zentraler Untersuchungsgegenstand im Bohmschen Dialog sind Annahmen, also nicht bewiesene oder sogar nicht beweisbare Aussagen oder Zusammenhänge. Sie werden sichtbar gemacht und man geht den wirklichen oder vermeintlichen Zwängen dahinter nach. Diese Annahmen der verschiedenen Teilnehmenden werden nicht beurteilt, sondern in der Schwebe gehalten. Das Ziel ist es, im Fluss der Worte neuen Sinn sichtbar zu machen, wenn alle gemeinsam den Annahmen nachgehen.

So kann Neues entstehen, Innovation wird auf einer soliden Basis möglich. Für Isaacs sind die wichtigsten Teile einer Konversation diejenigen, die sich keiner der Beteiligten vorab hätte vorstellen können. Natürlich ist es schwer, genau zu bestimmen, welcher Teil nun wirklich völlig neu ist. Hinterher werden viele meinen, dass sie diesen Gedanken schon vor Jahren hatten oder sogar schon aufgeschrieben hatten.

Der Dialog in der Praxis

Bohm bevorzugt ein einfaches Format: Man setzt sich in einen Kreis, ohne Gesprächsleitung, ohne Tagesordnung, ohne Zielsetzung und schaut, was entstehen will. Das ist ein Experiment, also der Versuch etwas neu oder anders zu machen. Es ist ungewohnt, es kann sogar Angst machen. Anfangs bleibt die Gruppe vermutlich recht oberflächlich und spricht über das Format. Mit etwas Übung kann man dann nach und nach tiefer gehen.

So schön und wichtig der generative, reflexive Dialog auch klingt, in der Praxis wird er selten so gelebt. Zudem wird der Begriff des Dialogs mittlerweile oft falsch verwendet und damit beschädigt: „Dialogpost" ist Werbung, viele „Dialogforen" sind vor allem Öffentlichkeitsarbeit. Das lässt sich leicht erkennen. Schwierig ist es, echten Dialog in Zukunftsprojekten einzusetzen. Zu den eingangs genannten Herausforderungen mangelnder Praxis und hierarchischer Strukturen kommt die grundlegende Anforderung der Ergebnisoffenheit von Dialogen hinzu. Nur so kann Neues entstehen. Diese Offenheit widerspricht dem weit verbreitetem Verfolgen von vorab feststehenden Eigeninteressen. Warum sollte ich mich in einen Dialog einbringen, wenn nicht sicher ist, dass meine Standpunkte, meine Produkte oder meine Politik dadurch mehr Sichtbarkeit erhalten? Offenheit und Eigeninteresse sind keine guten Freunde. In komplexen menschlichen Systemen gilt es Wege zu finden, um mit beidem umzugehen.

Einen Dialog selbst anstoßen

Bei Ihnen hat dieses Kapitel vermutlich einiges Nachdenken bewirkt. Vielleicht haben Sie bereits Ideen, wie und mit wem Sie den Dialog in Ihrem Umfeld lebendiger werden lassen können.

Hier ein paar Vorschläge von meiner Seite:

Suchen Sie mit den Argumenten dieses Kapitels das offene, hierarchiefreie Gespräch zu relevanten Themen am Arbeitsplatz oder in ihrer Organisation.

Regen Sie in ihrem Umfeld Veranstaltungen mit mehr Dialogelementen an, um die üblichen Vortragsformate und Podiumsdiskussionen zu ergänzen.

Organisieren Sie einen eigenen Salon im Format eines Dialogs, egal ob nach Bohm oder Isaacs oder wem auch immer.

Weisen Sie in Gesprächen mit Politikern auf die Bedeutung des fortlaufenden Dialogs hin, machen Sie Themen- und Formatvorschläge dafür.

Lesen Sie von David Bohm „Der Dialog – Das offene Gespräch am Ende der Diskussion“ oder von William Isaacs „Dialog als Kunst gemeinsam zu denken“.

2 Kraftvolle Fragen stellen

Früher hatte ich Antworten, heute stelle ich Fragen. Das beschreibt meinen Wandel vom Volkswirt, der um die Welt reist und den Investoren die Lage in Europa erklärt, zum Zukünfteforscher, der gemeinsam mit vielen anderen Menschen neue Ideen für die Zukunft erarbeitet. Früher erstellte ich Prognosen darüber, wann zum Beispiel die Europäische Zentralbank die Zinsen anheben wird oder wie stark die Wirtschaft im nächsten Jahr wachsen wird. Heute frage ich, welche Aufgaben eine Zentralbank für eine höhere Lebensqualität übernehmen könnte und welche Messgrößen sinnvolles Wachstum erfassen können. Heute hinterfrage ich Prognostiker und Welterklärer: Warum tun sie so, als könnten sie die Zukunft vorhersehen? Stellen sie vielleicht nur ihre eigenen Werte als objektive Forschung dar? Natürlich brauchen wir Fachleute, die sich in ihrem Thema in der Gegenwart richtig gut auskennen, national wie international vernetzt sind und ihr Wissen verständlich erklären. Ihre Kenntnisse über Zahlen, Fakten und Zusammenhänge sind und bleiben wichtig.

Jeder Zukunftsprozess, jeder Dialog, jede Veranstaltung sollte eine gute Einstiegsfrage haben. Solche guten Fragen zu finden ist nicht schwer, wenn man ein paar Punkte beachtet und sich selbst folgende Fragen stellt, die auf Arbeiten von Eric Vogt, Juanita Brown und David Isaacs aufbauen:

1. RELEVANZ:

Ist die Frage wirklich relevant für die Personen, die ihr nachgehen wollen oder sollen? Gibt es einen Bezug zu dem, was diese Personen selbst machen und was ihnen wichtig ist? Bei der Gelegenheit kann man auch andersherum fragen: Für wen ist die Frage noch relevant, wer müsste noch im Raum sein, um ihr nachzugehen?

2. OFFENHEIT:

Ist die Antwort auf die Frage wirklich noch nicht bekannt? Suggestivfragen, in denen sich die erwünschte Antwort schon mehr oder weniger gut versteckt, bringen wenig neue Erkenntnisse.

3. WIRKUNG:

Welche Wirkung soll die Frage bei den Teilnehmenden auslösen? Welche Art von Konversationen, Nachdenken oder auch Gefühlen könnte sie bewirken? Natürlich sollte die Frage auch nicht überfordern.

4. NEUES:

Wenn die gleiche Frage immer wieder diskutiert wird, dann ist etwas schiefgelaufen. Man dreht sich im Kreis und sollte nach einer anderen Frage suchen.

5. ANSTOSS:

Kann die Frage den Anstoß zur Suche nach noch besseren, noch relevanteren Fragen geben? Die Einstiegsfrage sollte nicht in Stein gemeißelt sein. Wenn sich im Laufe der Diskussion eine bessere Frage herauskristallisiert – und von den Teilnehmenden als solche akzeptiert wird – dann sollte man dieser Frage nachgehen.

6. ERGEBNIS:

Hat die Frage das Potential zu wirklich relevanten Antworten zu führen, die uns tatsächlich weiterbringen? Oder besteht die Sorge, dass nur Allgemeinplätze entstehen oder Randthemen bespielt werden?

Drei Dimensionen guter Fragen

Fragen kann man zudem entlang von drei Dimensionen analysieren. Erstens dem Aufbau der Frage: Geschlossene Ja-Nein-Fragen sind grundsätzlich weniger hilfreich als Fragen nach wann und wo. Noch besser sind Was-Fragen. Ganz besonders kraftvoll sind Fragen nach dem Wie, Warum und Wieso. „Sind Sie mit ihrem Arbeitsklima zufrieden?“ Diese Frage kann man mit ja oder nein beantworten oder ein Kreuz auf einer festen Skala machen. Der Erkenntnisgewinn ist überschaubar. „Wann waren Sie besonders zufrieden mit ihrem Arbeitsklima?“ Diese Frage könnte etwas kraftvoller sein, wenn nicht nur „letzte

Woche“ oder „letztes Jahr“ als Antwort vorgegeben wird. Sie kann den Einstieg in eine echte Konversation darüber bieten, wann etwas gut gelaufen ist. Noch kraftvoller wäre: „Was in Ihrem Arbeitsumfeld macht Sie besonders zufrieden?“ Natürlich darf auch hier nicht nur eine vorgefertigte Liste zur Auswahl angeboten werden, sondern der Dialog über unterschiedliche Aspekte sollte gefördert werden. Besonders stark könnte folgende Frage sein: „Warum sind Sie an manchen Tagen gerne bei der Arbeit und an anderen nicht so gerne?”

Die zweite Dimension ist die Reichweite der Frage. Geht es um das Arbeitsklima in einer bestimmten Gruppe, in einer Abteilung, der ganzen Organisation oder ganz grundsätzlich in einem ganzen Land? Hier gilt es eine gute Balance aus Ambition und Realismus zu finden. Die Gruppe mag als Untersuchungseinheit zu klein sein, ein Land als Ganzes zu hoch gegriffen. In jedem Fall wäre es hilfreich, wenn die Reichweite der Frage vorab klar ist.

Die dritte Dimension sind die Annahmen in der Frage. Zum Beispiel: „Wie können wir die Privatschulen stärken?“ Diese Frage nimmt an, dass alle Beteiligten ein Interesse an einer größeren Bedeutung der Privatschulen haben. Vermutlich werden sich keine Menschen angesprochen fühlen, die dieses Anliegen nicht teilen. Oder: „Was läuft im Vertrieb nicht rund?“ ist eine Frage mit der Annahme eines Mangels an einer bestimmten Stelle. Sie kann zur Abwehrhaltung des Vertriebs führen, alte Gräben vertiefen und so wird vielleicht das eigentliche Thema übersehen. Wenn eine Frage formuliert wird, dann sollte man sich also über die eigenen Werte und Annahmen klar sein, die in sie eingeflossen sein könnten. Dann kann man versuchen die Frage aus dem

Blickwinkel einer Person zu betrachten, die andere Werte und Annahmen hat.

Fragen in vielen Zukunftsmethoden

Viele Zukunftsmethoden hören bei der Einstiegsfrage nicht auf, sondern erarbeiten weitere, tieferliegende Fragen. In der Methode des sogenannten „Pro Action Café“ wird zum Beispiel zunächst in kleinen Gruppen diskutiert, welche Frage, welches Anliegen hinter oder unter der Einstiegsfrage liegt. Dadurch werden die Annahmen der Fragenden sichtbar gemacht und Alternativen entwickelt. In der zweiten und dritten Runde werden dann die Alternativen gemeinsam analysiert und elegante nächste Schritte erarbeitet.

In der Methode „Dynamic Facilitation“ werden parallel vier Listen als Protokoll der Diskussion geführt. Auf der ersten werden Fakten und Informationen gesammelt, die nicht weiter diskutiert werden müssen. Auf der zweiten Liste finden sich die Lösungen und Antworten auf die Einstiegsfrage. Die dritte Liste erfasst Bedenken und Einwände gegen die vorgeschlagenen Lösungen. Und die vierte Liste sammelt neue Herausforderungen und neue, weiterführende Fragen. Im Laufe des Prozesses kann die Gruppe entscheiden, dass sie die Frage wechseln möchte und Lösungen zu der aus ihrer Sicht wichtigeren, relevanteren Frage besprechen möchte.

In Zukünftelaboren (Kapitel 12) wird noch mehr Aufwand betrieben, um neue Fragen zu finden. Diskussionen über wünschenswerte, wahrscheinliche und alternative Zukünfte legen die Basis für neue, tiefergehende Fragen und passende Handlungen.

Auch am Ende von Dialogveranstaltungen stelle ich gerne eine Frage zu Fragen: „Welche Frage ist aus Ihrer Sicht heute zu kurz gekommen?“ Damit erfährt man erstens, ob die Einstiegsfrage der Veranstaltung das bewirkt hat, was man erhofft hatte. Und man erhält viel Material für mögliche Folgeveranstaltungen.

Welche neuen Fragen entstehen lässt sich zu Beginn eines solchen Prozesses natürlich nicht sagen. Genau darin liegt der Mehrwert von Fragen für die Beschäftigung mit grundsätzlich offenen Zukünften. Aus Sicht mancher Gastgeber liegt darin auch eine Gefahr. Was machen wir, wenn für uns neue, vielleicht unangenehme Fragen aufkommen? Wie reagieren wir? Aus meiner Sicht zeigen solche Überlegungen den Mehrwert einer offenen Herangehensweise: Wenn die neu entstehenden Fragen relevant sind, dann werden sie früher oder später ohnehin aufkommen. Jede Führungskraft und jede Organisation sollte ein Interesse daran haben, sich so früh wie möglich mit ihnen befassen zu können.

Fragen in konkreten Projekten

Zu Beginn des zweijährigen Dialogprozesses „Schöne Aussichten – Forum für Frankfurt“ (Kapitel 17) verbrachten wir viel Zeit mit der Suche nach möglichst guten Fragen. Sie sollten für eine große Zahl von Menschen relevant sein. Sie sollten inhaltlich offen sein, auch damit wir eine Legitimation als neutrale Organisatoren des Prozesses aufbauen konnten. Sie sollten bei den Beteiligten eine tiefergehende Diskussion über Lebensqualität anregen. Zudem sollten sie nicht altbekannt sein und den Anstoß zu eigenen

Aktivitäten der Beteiligten geben. Zudem sollte es möglich sein die Ergebnisse zu protokollieren, damit diese für die weitere Analyse genutzt werden konnten. Wir entschieden uns für vier Fragen, die aufeinander aufbauen.

1. Was ist Ihnen persönlich in Ihrem Leben wichtig?

Mit dieser Frage ging es darum, die Beteiligten als Menschen anzusprechen und nicht in einer speziellen Position oder Rolle. Fokussierend auf den Einzelnen und das Hier und Jetzt sollte eine Überforderung vermieden werden. Während der Vorbereitungsarbeiten wurden Bedenken geäußert, ob die Teilnehmenden an den Gesprächen tatsächlich Antworten auf diese recht persönlichen Fragen haben würden und ob sie diese ausdrücken wollten oder könnten. Alle diese Bedenken stellten sich in den Veranstaltungen rasch als unbegründet heraus.

2. Was macht für Sie eine hohe Lebensqualität in Frankfurt aus?

Mit dieser Frage sollte der Schritt vom Einzelnen hin zur Stadtgesellschaft gemacht werden. Das klappte recht gut, auch wenn die Antworten auf die erste Frage oftmals den inhaltlichen Rahmen für die Antworten auf die zweite Frage vorgaben. Hier war es in den Dialogveranstaltungen wichtig nachzufragen, die Teilnehmenden ins Gespräch miteinander zu bringen und aus den Verbindungen neue Ideen entstehen zu lassen.

3. Was tut Ihnen im Herzen weh, wenn Sie an Frankfurt denken?

Über diese Frage hatten wir im Projektteam lange und kontrovers diskutiert. Die Grundidee von „Schöne Aussichten“ war ja positiv zu arbeiten, wünschenswerte Zukünfte sichtbar zu machen. Und dann diese negative Frage. Im Rückblick war das die Frage, die besonders viele zusätzliche Themen sichtbar machte, ohne die Stimmung kippen zu lassen. Hier hatten alle eine Meinung und konnten konkretes Erleben mitteilen. Für die spätere Auswertung war die Frage unproblematisch. Es ging einfach darum, dass diese negativen Punkte weniger werden.

4. Frankfurt in 15 Jahren: welche Veränderungen wünschen Sie sich?

Hier sollte der Blick nach vorne gelenkt werden. Der Zeithorizont von 15 Jahren erschien uns überschaubar. Wirklich gut funktioniert hat diese Frage allerdings nicht. In den Antworten ging es vor allem darum, mehr von dem zu haben, was in Frage 2 diskutiert wurde und weniger von den Themen aus Frage 3.

Gute Fragen sind also ein essentieller Baustein für den gemeinsamen Umgang mit der offenen Zukunft in komplexen menschlichen Systemen. In den folgenden Kapiteln werden Fragen als ein roter Faden immer wieder auftauchen und konkrete Beispiele genannt.

Fragen an gute Projekte

Auch jedes Zukunftsprojekt, jede Initiative, jede Veranstaltung sollte für sich selbst bereits in der Entstehungsphase eine ganze

Reihe von Fragen beantworten können. Der kanadische Prozessbegleiter Chris Corrigan hat sie in acht Stufen sortiert. Er beginnt mit dem Bedarf und fragt: Wie sieht das Umfeld des Projekts aus? Vor welchen Herausforderungen stehen wir? Welchen Bedarf soll das Projekt decken? Daraus sollte sich dann der Zweck des Projekts ergeben mit weiteren Fragen: Wenn das Projekt richtig gut läuft, was kann dann in unseren kühnsten Träumen entstehen? Was wollen wir anregen? Und: Was ist die einfachste und stärkste Frage, die den Kern unseres Projekts zum Ausdruck bringt? Ist das geklärt, dann geht es um ein gemeinsam entwickeltes und geteiltes Verständnis von den Prinzipien der Kooperation im Projekt: Wie wollen wir untereinander und mit den Teilnehmenden arbeiten? Woran sollten wir immer denken, wenn wir uns zur gemeinsamen Projektarbeit treffen?

Viertens geht es dann um die Menschen, die im Projekt dabei sind. Wer ist im Raum? Wer ist nicht im Raum und wie könnten wir sie hineinbringen? Wer hat ein Interesse an den Ergebnissen des Projekts? Erst dann geht es an die konkrete Konzeption und die vielen Möglichkeiten, die sich eröffnen: Welche Form soll unsere Arbeit haben? Welche Form passt zum Bedarf, zum Zweck, zu den Prinzipien und zu den Menschen?

Meine Lieblingsstufe in Corrigans Struktur ist die sechste, zu den einschränkenden Vorstellungen: Wovor haben wir Angst, wenn wir in diesem Projekt arbeiten? Welche alten Modelle und Strukturen wollen wir nicht beibehalten? Welche Fragen haben wir uns noch nicht gestellt? Dann geht es an die konkrete Struktur: Wie entscheiden wir worauf Zeit, Geld, Aufmerksamkeit und Energie gelenkt werden? Wieviel davon brauchen oder haben wir? Welche Rolle spielt das Kernteam? Anschließend geht es um die Praxis der Zusammenarbeit: Wer lädt zu Treffen ein? Welche Plattformen werden genutzt? Welche Netzwerke nutzen wir?

Und schließlich geht es um die Ernte: Wie soll das Ergebnis festgehalten werden? Wie kann die Ernte am besten dem Zweck des Projekts dienen? Wie bleiben wir offen für das, was dabei entstehen mag?

Möglichkeiten für Sie rund um Fragen

Das sind viele, viele Fragen. Es sind wichtige Fragen. Sie sind eine Einladung an Sie, Fragen stärker in den Blick zu nehmen. Dafür gibt es eine Menge von Möglichkeiten.

Darunter:

Wenn Sie an Veranstaltungen und Prozessen teilnehmen, so können Sie der jeweiligen Einstiegsfrage nachgehen und diese an den hier beschriebenen Kriterien spiegeln. Vielleicht haben Sie sogar vor oder während der Veranstaltung die Möglichkeit eine alternative Frage vorzuschlagen. Und Sie können überlegen, für wen diese Frage nicht relevant ist oder wer sie anders beantworten würde als die Menschen im Raum. Möglicherweise können Sie Impulse geben, um der Frage hinter der Frage nachzugehen.

Als Organisatoren von Veranstaltungen und Prozessen können Sie die Einblicke dieses Kapitels nutzen, um die eigene Frage zu reflektieren und vielleicht noch kraftvollere Fragen zu formulieren. Und Sie können versuchen mehr von den Gruppen in den Raum zu bringen, die ebenfalls einen Bezug zu dieser Frage haben könnten.

Wenn Sie sich näher mit den genannten Quellen befassen mögen: Der erwähnte Artikel von Vogt, Brown und Isaacs aus dem Jahr 2003 trägt den Titel „The Art of Powerful Questions“ und ist im Internet leicht zu finden. Die vielen Fragen von Chris Corrigan stammen aus seinen „Chaordic Stepping Stones“, von denen es mittlerweile Varianten in verschiedenen Längen gibt.

Zum „Pro Action Café“ gibt es eine kurze englische Übersicht von Amanda Fenton. Zu Dynamic Facilitation ist englisches Material von Jim Rough verfügbar. Zudem gibt es einige Moderatoren und Autoren im deutschen Sprachraum.

3 Der Komplexität gerecht werden

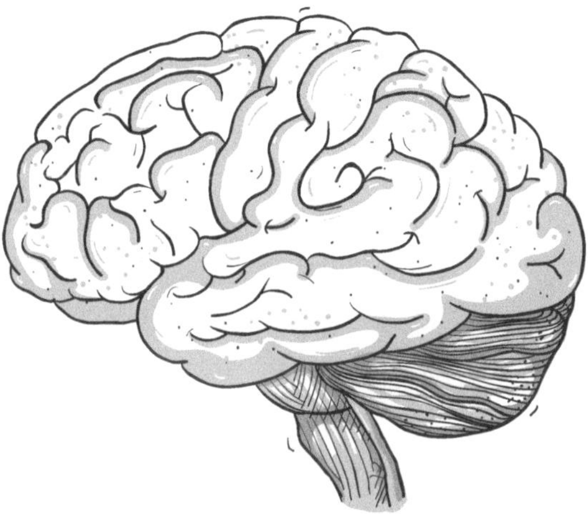

Frühjahr 2005 auf dem Campus der Katholischen Universität von Löwen. Ich warte in der Schlange auf den Bus, der die Teilnehmenden einer Zukunftsforscherkonferenz zum Abendessen ins historische Schloss Corroy bringen soll. Der freundliche Finne neben mir fragt mich, wie ich in meinen Prognosemodellen für die Deutsche Bank die Emergenz, die Nicht-Linearitäten und die finalen Ursachen komplexer Systeme berücksichtige. Vergeblich versuchte ich damals zu verstehen, was er mir sagen wollte und warum das für mich irgendeine Relevanz haben könnte. An diesem Abend begann meine wunderbar hilfreiche Lernreise in die Komplexitätstheorie und zu Methoden für mehr Lebensqualität, die der sozialen Komplexität so gut wie möglich gerecht werden. Der freundliche Finne war Mika Aaltonen, studierter Volkswirt und ehemaliger Fußballprofi. Er hat mich seither mit vielen anderen Menschen und Ideen aus der Welt der Komplexität verbunden, die für Zukünftearbeit wichtig sind.

Einfach, kompliziert, komplex oder chaotisch

Meine Reise in die Welt der Komplexitätstheorie setzte sich auf Mikas Anraten fort mit der grundsätzlichen Unterscheidung zwischen einfachen, komplizierten, komplexen und chaotischen Systemen. Ein System besteht aus mehreren Elementen, die in gewissen Beziehungen zueinander stehen. Der walisische Komplexitätsexperte David Snowden hat das in seinem Cynefin-Modell dargestellt. Er betont immer wieder, dass jedes dieser Systeme eine andere Vorgehensweise erfordert.

Einfache Systeme sind – einfach. Jeder versteht sie, es gibt eindeutige Zusammenhänge zwischen Ursache und Wirkung. Eine Tür zu öffnen ist grundsätzlich für jeden Menschen möglich: Klinke runter, Tür bewegen, durchgehen. Viele Prozesse in der Wirtschaft wie Adressänderungen oder die Abfüllung von Flüssigkeiten gehören hier hinein. Für sie gibt es ein bestes Vorgehen („best practice"), klare zentrale Vorgaben und großes Potential für Automatisierung. Ganz ohne Gefahren sind diese Systeme allerdings nicht. Es kann sein, dass die Zentrale einer großen Organisation nur Vorgaben macht und zu wenig mitbekommt, was vor Ort geschieht. So kann sie schlecht auf Veränderungen des Umfelds reagieren. Es braucht einen Weg, auf dem neue, möglicherweise unangenehme, Informationen in die Zentrale gelangen können.

Die Mechanik komplizierter Systeme

Komplizierte Systeme sind etwas für Fachleute. Auch hier gibt es eindeutige Zusammenhänge zwischen Ursache und Wirkungen, die jedoch nur Menschen mit entsprechenden Fachkenntnissen verstehen. Nur Automechaniker können erkennen wo genau das Problem eines kaputten Automotors liegt – und dieses gegebenenfalls beheben. Der Physiker Isaac Newton war der Vordenker dieses linearen Ansatzes. Der Ingenieur Frederick Winslow Taylor hat ihn mit der Fließbandproduktion bei Ford industriell verankert. Selbst in komplizierten Systemen gibt es manchmal verschiedene Wege, um ein Problem zu beheben. Alle diese Wege haben ihre Vor- und Nachteile in Bezug auf Aufwand und Nutzen. Es gibt nicht mehr das eine beste Vorgehen wie in einfachen Systemen, sondern gute Praxis („good practice").

Auch in komplizierten Systemen lauern Gefahren, zu denen die Analyseparalyse gehört: Die Fachleute analysieren, analysieren und analysieren. Sie beißen sich fest und können sich auf keine Lösung einigen, weil jeder Sieger der Argumentation sein will. Zudem könnte es sein, dass Nicht-Experten mit einem frischen Blick innovative Ideen haben, die die Fachleute nicht berücksichtigen.

Die Relevanz komplexer Systeme

Komplexe Systeme sind für unseren Umgang mit offenen Zukünften besonders relevant. Es sind Systeme mit einer großen Zahl von interagierenden Elementen, die sich gemeinsam, dynamisch, nicht-linear und unvorhersehbar entwickeln und dabei Neues entstehen lassen können. Diese Systeme lassen sich nicht wie ein Automotor in ihre Einzelteile zerlegen und später ohne

Verlust wieder zusammenbauen. Das Ganze ist viel mehr als die Summe der Einzelteile. Wälder sind komplexe, adaptive, emergente Systeme. Oder Gehirne. Alle menschlichen Systeme ebenso. Auf wichtige Fragen gibt es keine beste oder auch nur mehrere gute Lösungen. Manchmal kann man Muster erkennen, wobei Fachleute helfen können. Dann sind Experimente sinnvoll, die das System vermutlich einen Schritt voranbringen, die aber auch ohne dramatische Konsequenzen wieder beendet werden können, wenn sie unerwünschte Ergebnisse zeigen.

Im Umgang mit komplexen Systemen ist es wichtig, dass die Diskussionen möglichst weit geöffnet werden, die Vielfalt der Perspektiven erhöht wird, Widerspruch zugelassen wird, Dialog ermöglicht wird. Es soll ein fruchtbares Feld vorbereitet werden, auf dem Gutes entstehen kann – ohne dass man vorab wissen kann, was das genau sein könnte.

Chaotische Systeme sind etwas für starke, entschiedene Führungspersönlichkeiten. Hier ist keine Zeit und kein Platz, um lange zu analysieren, zu hinterfragen oder auszuprobieren. Niemandem ist wirklich klar, welche Ursache zu welcher Wirkung führen kann. Es muss „nur“ schnell entschieden und gehandelt werden. Nach der Krise können sich die Helden feiern lassen, die diese bewältigt haben. Die Gefahr für Führungskräfte besteht darin, dass man später nicht mehr aus dem Krisenmodus und der Heldenrolle des chaotischen Systems herauskommt, und in die passende Führungsrolle für komplexe oder komplizierte Systeme zurückfindet. Zum Glück sind chaotische Systeme oder Zeiten eher selten. Andere Zeiten erfordern eine andere Art der Führung. In vielen Ländern scheint nach wie vor das Denken in komplizierten Systemen zu dominieren. Es werden Expertengutachten beauftragt, externe Berater hinzugezogen, Kommissionen einberufen, Entscheidungen getroffen – und man wundert sich später oft, dass das erhoffte Ergebnis ausbleibt. Woran mag diese Fixierung auf komplizierte Systeme liegen? Möglicherweise sind klassische Ingenieursländer vor allem gut darin, Motoren und Maschinen zu verbessern. Oder die Grenze liegt in der noch immer hierarchischen Gesellschaft, wo man auf die Vorgaben von Vorgesetzten oder Fachleuten wartet.

Zukünftemethoden für komplexe Systeme

Der freundliche Finne vom Anfang dieses Kapitels, Mika Aaltonen, hat eine große Zahl von Methoden der Zukünfteforschung darauf überprüft, ob sie für komplexe gesellschaftliche Systeme stimmig sind. Er suchte nach Methoden, die erstens nicht versuchen klare Regeln für die Kontrolle des Systems zu erarbeiten. Das wäre für einfache Systeme passend. Vielmehr ging es ihm darum Methoden, die Mehrdeutigkeit („Ambiguität") der Ergebnisse zuzulassen, wo es auf den ersten Blick nicht eindeutig richtige oder falsche Antworten gibt. So wird man der Offenheit der Zukunft gerecht. Zweitens sollten es Methoden sein, die nicht versuchen das System lediglich von außen durch die Expertenbrille zu verstehen, sondern die in der Interaktion mit den Teilen des Systems arbeiten.

Diese Kombination aus „Mehrdeutigkeit und Interaktion mit dem System" fand er eher selten. Die meisten Zukunftsmethoden sind nach seiner Einschätzung Ingenieursmethoden: Die Analysten blicken von außen auf das System und suchen nach dessen Regelmäßigkeiten, um Empfehlungen für die Entscheider abzuleiten. Horizontbeobachtung, Trendlandkarten und Prognosemodelle zählen für ihn dazu. Viele weitere Methoden lassen zwar Mehrdeutigkeit zu, die Analysten stehen aber ebenfalls außerhalb des Systems. Zu diesen Methoden des systemischen Denkens zählt er Delphis, Prognosemärkte oder die robuste Entscheidungsfindung. Szenarien können je nach Vorgehen sowohl mit als auch ohne Mehrdeutigkeit erstellt werden.

Mikas hohen Anforderungen wurden nur die kausale Mehrebenenanalyse, partizipative Methoden und Visionierungsprozesse gerecht. Ich würde noch Zukunftssuche und Zukünftelabore hinzufügen. Das sind die Methoden, mit denen ich mich in den letzten zehn Jahren beschäftigt habe und die in diesem Buch beleuchtet werden. Sie werden der Komplexität moderner Gesellschaften gerecht und berücksichtigen Emergenz und Nicht-Linearitäten.

In welchen Systemen Sie sich bewegen

Ein nächster Schritt für Sie könnte es sein, sich bewusst zu machen in welcher Art von Systemen Ihre Zukunftsthemen verortet sind. Vermutlich wird es sich um komplizierte oder komplexe Systeme handeln.

Diskutieren Sie Details, Unterschiede, Vorgehensweisen mit Ihrem Team. Sie könnten auch nach Beispielen suchen, wo Fragestellungen aus komplexen Systemen mit dem Werkzeugkasten komplizierter Systeme beantwortet wurden. Als Zugabe könnten Sie gemeinsam mit Kollegen mögliche unerwünschte Folgen dieses Vorgehens diskutieren.

Zur weiterführenden Lektüre kann ich vor allem englische Texte empfehlen. David Snowdens Artikel mit Mary Boone im Harvard Business Review „A Leader's Framework for Decision-Making" von 2007 beschreibt das Cynefin Modell. Mika Aaltonen's Buch "Complexity as a Sensemaking Framework" von 2005 beinhaltet auch Gastbeiträge anderer Komplexitätsforscher. Noch tiefer geht Paul Cilliers in seinem Buch "Complexity & Postmodernism – Understanding Complex Systems" von 1998.

4 Viele unterschiedliche Menschen einbinden

Ein Frühlingsabend im Bundeskanzleramt. Vor dem ersten internationalen Deutschlandforum zum Thema „Was Menschen wichtig ist – Lebensqualität und Fortschritt" treffen sich die Redner mit dem Team der Bundeskanzlerin zum Abendessen. Neben mir sitzt Ben Warner aus Jacksonville, der größten Stadt in Florida. Dort hat er über viele Jahre mit großem Erfolg einen Prozess zur Verbesserung der Lebensqualität umgesetzt. Im Zentrum für gesellschaftlichen Fortschritt hatten wir einen Forschungsbericht über sein Indikatorenprojekt geschrieben und ich durfte ihn als Redner für das Deutschlandforum empfehlen. Nun begegnen wir uns erstmals persönlich und ich erzähle ihm von Überlegungen zu einem Indikatorenprojekt in Frankfurt am Main nach dem Vorbild von Jacksonville.

Aus dem folgenden Gespräch nahm ich seine starke Botschaft mit: „Stefan, wenn Du ein wirklich fest verankertes Projekt zu Lebensqualität machen möchtest, dann binde so viele verschiedene Personen wie möglich ein. Wenn Du 100 Personen im Projekt hast, dann sollte jeder Mensch in Deiner Stadt sich von mindestens einer dieser Personen verstanden fühlen." Ich schluckte. Das war eine hohe Anforderung, die er in Jacksonville immer im Blick hatte. Seitdem lässt sie mich nicht mehr los.

Ein hoher Anspruch

Alle Zukunftsprozesse, an denen ich danach beteiligt war, sollten möglichst viele unterschiedliche Perspektiven einbinden. Sie sollten nicht in Filterblasen ähnlich denkender Menschen gefangen bleiben, die sich dann wundern, warum die Ergebnisse ihres Prozesses außerhalb kaum genutzt werden. Sie sollten vielmehr aktiv auf die Menschen zugehen, die normalerweise nicht so viel Gehör bekommen, die „nicht so oft gehörten Stimmen“. In Unternehmen können das die Teamassistenzen sein. Sie bekommen einiges von dem mit, was dort passiert, haben aber oft wenig Gelegenheiten, um ihre Einblicke in die Entscheidungen einzuspeisen. In Städten können dies Personen in den äußeren Stadtteilen sein, Menschen mit geringerer Bildung, mit geringerem Einkommen, mit ungewöhnlichen Arbeitszeiten oder zusätzlichen Belastungen durch Kindererziehung oder Pflege.

Ein solches aktives Zugehen auf die nicht so oft gehörten Stimmen, die aufsuchende Beteiligung, stärkt die demokratische Legitimation aller Prozesse, egal ob sie auf städtischer Ebene, in Unternehmen oder in zivilgesellschaftlichen Organisationen stattfinden. Demokratie besteht nicht nur daraus alle paar Jahre ein Kreuz auf einem großen Blatt Papier zu machen und alles Weitere den gewählten Repräsentanten zu überlassen. Dieser Ansatz funktioniert in den letzten Jahren immer weniger, da die Wahlbeteiligung vor allem von sozial schwächeren Personen und von Menschen mit Migrationsgeschichte sinkt. Demokratie besteht auch nicht darin, eine kleine Gruppe gebildeter, älterer Menschen (meist Männer) mit ähnlicher Sozialisierung in speziellen

Gremien neue Vorschläge zu gesellschaftlichen Themen erarbeiten zu lassen. In einer Demokratie sollte der Anspruch eine gleichberechtigte Beteiligung möglichst vieler betroffener Menschen sein. In Unternehmen sind dem engere Grenzen gesetzt.

Bedeutsame Beteiligung

Wichtig ist, dass die Beteiligung auch etwas bewirken, etwas verändern kann. Sie sollte „bedeutsam" sein, wie die Politikwissenschaftlerin Brigitte Geißel es an ihrer Forschungsstelle zu demokratischen Innovationen nennt. Beteiligung darf nicht nur dazu da sein, um schöne Fotos für einen Jahresbericht zu erhalten. Die Ergebnisse dürfen nicht in einer Schublade verschwinden, sondern sollten sichtbar gemacht werden. Sonst nimmt die Frustration der Menschen weiter zu, die sich tatsächlich beteiligt haben und deren Hoffnung auf Verbesserungen gestiegen war. Das gilt in einer Demokratie ebenso wie in Unternehmen. Natürlich ist es völlig akzeptabel, wenn die Entscheider nicht alle Ergebnisse eines Beteiligungsprozesses umsetzen. Das ist so gut wie nie möglich. Sie müssten allerdings argumentieren, warum sie eine Option der anderen vorgezogen haben oder sogar keine davon gewählt haben. Dies kann daran liegen, dass Fachleute einige Vorschläge als objektiv nicht umsetzbar einordnen, oder einfach an fehlendem Geld, sodass Prioritäten gesetzt werden müssen. Es gibt viele Gründe.

Wenn gleichberechtigte Beteiligung gut gemacht ist, dann nimmt generell die Zufriedenheit mit der Demokratie zu. Die Bevölkerung geht mit einem besseren Verständnis für die Perspektiven anderer Menschen, für die Zusammenhänge zwischen verschiedenen

Themen und für die Arbeitsweise von Politik und Verwaltung aus dem Prozess heraus. Für Unternehmen kann Gleiches gelten.

Die Botschaft von Ben Warner steht also auf einem soliden Fundament der Forschung zu demokratischen Innovationen. Und sie passt zu den Einblicken der Komplexitätsforschung: ein offener Dialog, eine hohe Vielfalt der Beteiligten und Widerspruch zuzulassen sind wichtig. Dies erleichtert, dass in komplexen, adaptiven Systemen die unterliegenden Muster sichtbar werden und neue Ideen entstehen.

Der fruchtbare Umgang mit Vielfalt

Eine wichtige Zukünftekompetenz ist also der fruchtbare Umgang mit Vielfalt, die Offenheit für Vielfalt. Nicht nur im täglichen Leben, sondern besonders in Prozessen in denen gesellschaftliche Zukünfte diskutiert werden. Unterschiedliche Perspektiven und Erfahrungen sollten im Prozess gehört werden. Es gibt keine Garantie, dass jeder einzelne Einblick sich am Ende im Gesamtergebnis genau ablesen lässt. Alle können ihre Puzzleteile einbringen, diese an den anderen Teilen spiegeln und eventuell für die Gesamtschau anpassen. Enttäuschungen sind nicht auszuschließen.

Für die Designer und Begleiter eines solchen Prozesses sind zwei Dinge wichtig: Erstens sollten die verschiedenen Perspektiven Raum bekommen und sichtbar gemacht werden. Und zweitens sollten sie fruchtbar miteinander verbunden werden. Das klingt einfacher als es ist. All die unterschiedlichen Menschen zum gleichen Zeitpunkt in den gleichen Raum zu bringen, wird schwerlich funktionieren. Es braucht viele kleine Gelegenheiten.

Auch sind die Unterschiede zwischen den Menschen in der Regel recht groß: Die einen wollen die großen philosophischen Fragen diskutieren, andere wollen konkrete Projekte vorantreiben. Die Prozessbegleitung sucht dann nach Wegen, um dennoch eine Befruchtung zu ermöglichen. Das kann über Schlaufen der Rückkopplung geschehen („Was anderswo gesagt wurde") oder über Gruppen zu einzelnen Themen.

Auch hier gilt es wieder ein gutes Maß an Vielfalt oder Heterogenität zu finden. Wenn zum Beispiel nur Architekten und Projektentwickler über das Thema „Wohnen" diskutieren, besteht die Gefahr, dass Impulse von Fachleuten zu Verkehrs- oder Gesundheitsthemen, zu Umweltfragen oder aus dem Einzelhandel nicht berücksichtigt werden. Jedes Themenfeld, jeder Prozess hat seine „nicht so oft gehörten Stimmen", die neue Perspektiven und Anregungen einbringen können. Sie sollten nicht von einer Diskussion unter Spezialisten abgeschreckt werden.

Vielfalt in Frankfurt am Main

Als wir in Frankfurt am Main begannen, die Botschaft von Ben Warner erstmals selbst in die Praxis umzusetzen, gab es einige Bedenken und Vorbehalte. Würden diese Menschen etwas Substanzielles zum Thema Lebensqualität zu sagen haben? Würden sie ihre Gedanken so ausdrücken können, dass wir das verstehen? Beide Bedenken zerstreuten sich mit den ersten kleinen Veranstaltungen in einem islamischen Kulturverein und bei einer Initiative für langzeitarbeitslose Frauen. Welch ein Reichtum an Gedanken wurde da für uns sichtbar! Und noch mehr: Wie dankbar waren die Menschen, dass jemand kam und ihnen wirklich zuhörte, ein echtes Interesse an ihren Themen hatte. Alles, was es brauchte, war ein geschützter Raum, etwas Zeit und gute Fragen zu einem relevanten Thema.

Eine weitere Sorge war allerdings berechtigt: Ist es nicht sehr aufwändig, auf diese nicht so oft gehörten Stimmen zuzugehen und Termine zu vereinbaren? Ja, es ist aufwändig. Zunächst gilt es Vertrauen aufzubauen: Der Sinn des Projekts und des Termins wird geklärt. Das funktioniert am besten, wenn man aus dem eigenen Netzwerk heraus die Brückenbauer findet, die dann die Kontakte herstellen. So wird Vertrauen weitergegeben, so werden Türen geöffnet.

Diese Erfahrungen aus Frankfurt durfte ich später in die Regierungsstrategie „Gut leben in Deutschland" einbringen. Dort verwendete man den Begriff der „schwer erreichbaren Gruppen", welcher aus Sicht der Prozessbegleitung und der Organisatoren mit Blick auf den Aufwand für die Vorbereitung vermutlich passend ist. Meine Hoffnung für die Zukunft ist, dass immer mehr Menschen immer mehr Übung in der Interaktion mit unterschiedlichen Gruppen haben. So werden diese Gruppen immer leichter erreicht, immer öfter gehört. So wird Demokratie lebendiger und die kollektive Intelligenz zu wichtigen gesellschaftlichen Themen gestärkt.

Die nicht so oft gehörten Stimmen aufsuchen

Auch hier können Sie aktiv werden. In jedem Projekt, an dem Sie beteiligt sind oder von dem Sie lesen, können Sie nachfragen:

> **Wer ist hier alles beteiligt? Sind es die, die immer kommen, die immer gefragt werden? Oder wurde alles versucht, um eine möglichst große Vielfalt der Perspektiven zusammenzubringen? Ist man aktiv auf „nicht so oft gehörte Stimmen" zugegangen? Wer sind diese Gruppen und wie könnte man auf sie zugehen?**

In meinen Seminaren an der Universität St. Gallen, in Helsinki und in den Trainings an der Bundesakademie für Sicherheitspolitik in Berlin habe ich die Teilnehmenden regelmäßig eingeladen, zunächst Listen mit nicht so oft gehörten Gruppen zu erarbeiten und dann Strategien zu entwickeln, um eine von diesen Gruppen in die jeweiligen Visions- oder Szenarioprozesse einzubinden. Einigen Teilnehmenden schien da bewusst zu werden, in welchen engen Kreisen sie sich üblicherweise bewegen und welche Verantwortung sie tragen, um die Kreise zumindest zeitweise zu vergrößern.

5 Verschiedene Systeme berücksichtigen

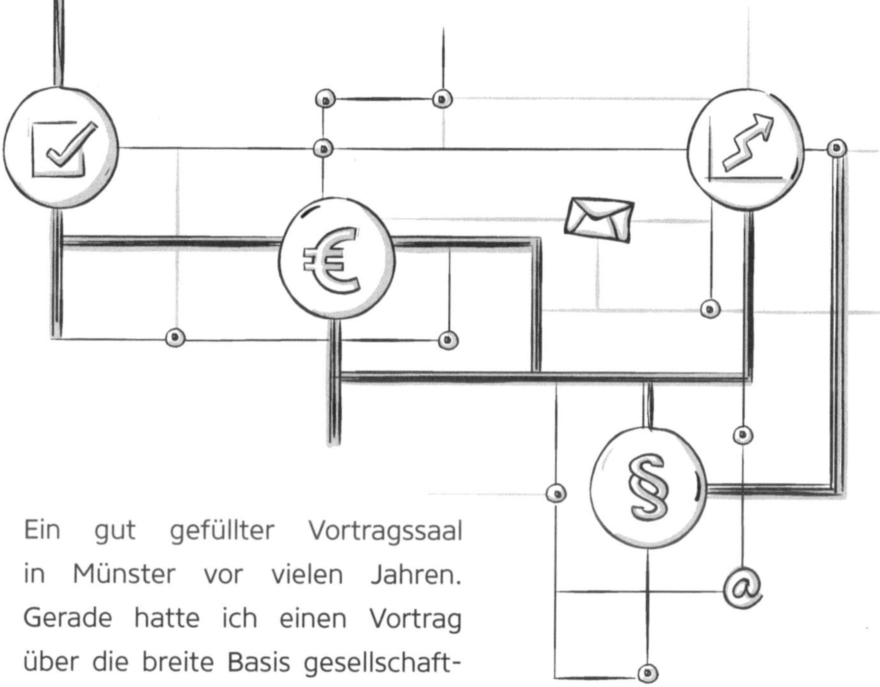

Ein gut gefüllter Vortragssaal in Münster vor vielen Jahren. Gerade hatte ich einen Vortrag über die breite Basis gesellschaftlichen Fortschritts vor Absolventen eines wirtschaftswissenschaftlichen Instituts gehalten. Da werde ich gefragt, wie ich denn Gesellschaft definieren würde: Im Sinne des Soziologen Niklas Luhmann als das besondere gesellschaftliche System, das alle Kommunikation einschließt? Damals wusste ich nicht wirklich, was der freundliche Herr meinte und worauf er hinaus wollte. Ich nahm die Frage aber zum Anlass, um mich danach intensiver mit Luhmann und seiner

Systemtheorie zu beschäftigen und fand dessen Ideen immer hilfreicher für meine Arbeit. Sie halfen mir besser zu verstehen, was in und um meine Projekte passierte.

Alle Luhmann-Experten bitte ich um Verzeihung für die folgende Darstellung einiger seiner Ideen durch meine Brille und mit meinen Worten. Allen anderen hoffe ich etwas von dem Impuls weitergeben zu können, der mir in Münster geschenkt worden war. Im Laufe der Zeit erkannte ich viele Verbindungen zwischen Luhmann und den Ideen des chilenischen Biologen und Philosophen Humerto Maturana, der sich mit lebenden Systemen als autonome dynamische Einheiten befasste. Maturana inspirierte nicht nur Luhmann, sondern auch den amerikanischen Biologen Robert Rosen, der wiederum die Theorie antizipatorischer Systeme begründete, auf die sich heute ein großer Teil der Zukünfteforschung bezieht.

Vielfalt miteinander verknüpfen

Hintergrund aller Überlegungen ist, dass sich Komplexität durch die Verknüpfung von mehreren Elementen in einem System ergibt. Je mehr Elemente es gibt, umso höher ist die Zahl der möglichen Verknüpfungen – sie steigt exponentiell an und damit die Komplexität des Systems. Irgendwann kann nicht mehr jedes Element mit jedem anderen direkt verknüpft sein. Es wird ausgewählt, mit wem direkt kommuniziert wird und mit wem nicht. Grenzen werden gezogen. Systemgrenzen. Sie müssen gezogen werden, um Überforderung zu vermeiden und gleichzeitig mit der Vielfalt des Gesamtsystems halbwegs gut umgehen zu können. So wird Komplexität für die einzelnen Elemente reduziert. Teilsysteme, Spezialisierungen und Silos entwickeln sich.

Soziale Systeme sind im Sinne Luhmanns autopoietische, selbstreferentielle Strukturen, die sich in Abgrenzung zur Umwelt beschreiben lassen. Die bedeutenden Teilsysteme einer Gesellschaft sind Politik, Wirtschaft, Wissenschaft, Recht, Religion, Erziehung und Familien. Wichtig für die breite Beschäftigung mit Zukünften ist vor allem Luhmanns Beobachtung, dass die Teilsysteme spezielle Kommunikationsmedien, eigene Logiken und Sprachen entwickeln.

So ist im politischen System die Macht das entscheidende Kommunikationsmedium. Mit Macht kann man andere dazu bringen, das zu machen, was man selbst möchte. In der Wirtschaft wird über Geld kommuniziert, es werden knappe Ressourcen verteilt. Im Teilsystem der Wissenschaft geht es um Wahrheit: Hypothesen werden aufgestellt, überprüft und dann als wahr oder unwahr, richtig oder falsch bewertet. Im Teilsystem des Rechts geht es darum, ob geltende Normen und Regeln eingehalten wurden oder nicht. Religion bezieht sich auf die Unterscheidung zwischen dem, was beobachtbar ist und was nicht beobachtet werden kann. Und Erziehung stärkt die Fähigkeit der Menschen an Kommunikation überhaupt teilzunehmen.

Wenn man also versucht in Zukunftsprozessen verschiedene Teilsysteme zusammenzubringen, so ergeben sich durch die Brille der Systemtheorie einige Herausforderungen. Warum sollten sich Akteure aus Politik, Wirtschaft oder Wissenschaft auf einen offenen Prozess einlassen, in dem nicht klar ist, wie dadurch Macht, Geld oder Wahrheit zunehmen? In der Logik der Systemtheorie treten die Personen immer über ihre Rollen in Erscheinung. Eine Rolle fasst die Erwartungen zusammen, die ein gesellschaftliches Teilsystem oder eine Organisation an den Inhaber einer

Position oder Stelle hat. Diese Rollenbeschreibung oder Funktion ist nicht an eine spezielle Person gebunden. Menschen sind in ihrem jeweiligen System also Träger von Rollen und vertreten es entsprechend nach außen.

Dialog, Rollen und Einzelgespräche

Den gesellschaftlichen Dialog über Zukünfte erschweren diese – für die Funktion von Gesellschaft enorm wichtigen Rollen – natürlich erheblich. Wenn der Anspruch im Dialog ist, dass Neues entstehen kann, dass man sich für die Perspektiven und Annahmen der anderen Teilnehmenden öffnet, dann ist das aus systemtheoretischer Sicht eigentlich unmöglich. Die Person würde nicht in ihrer Rolle auftreten und das artikulieren, was zu dieser Rolle passt. Eine Politikerin, ein Manager, ein Wissenschaftler kann also nicht vorbehaltlos kommunizieren, wie Michael Rautenberg es in seinem Buch über den Dialog in Management und Organisation formuliert. Das gilt auch für Vertreter einzelner Parteien, einzelner Ministerien, einzelner Unternehmen, einzelner Abteilungen in einem Unternehmen oder einzelner Wissenschaftsdisziplinen. Die kollektive Intelligenz des gesamten Systems sichtbar zu machen ist somit systemtheoretisch unmöglich.

Für mich hat sich in den letzten Jahren ein Weg als besonders hilfreich herausgestellt, um trotz der Rollenrestriktionen die persönliche Perspektive von Menschen in Erfahrung zu bringen: vertrauliche Einzelinterviews. Es hat mich immer wieder erstaunt und erfreut, wie dankbar die Personen sind, wenn sie die Restriktionen durch ihre Rolle etwas zur Seite legen können und sich als Mensch vertraulich zu einem relevanten Thema äußern können. Einzelgespräche unterscheiden sich offensichtlich vom Dialog in großen Gruppen, wo die Impulse zwischen den Teilnehmenden hin und her springen und von ihnen weiterentwickelt werden können. In den Einzelgesprächen können diese Art der Befruchtung höchstens die Interviewenden durch Nachfragen übernehmen. Sie dürfen das Gespräch dadurch allerdings nicht zu stark beeinflussen.

Ergebnisoffene Gastgeber

Auch für die so wichtige Rolle von Gastgebern in offenen Dialogprozessen hat die Systemtheorie ernüchternde Konsequenzen: Von einem Pharmaunternehmen zu erwarten, dass es als Gastgeber eines ergebnisoffenen Dialogprozesses zur Zukunft des Gesundheitssystems auftritt ist systemtheoretisch eine Illusion. Ebenso ist es theoretisch unmöglich, dass ein Politiker einer Partei Gastgeber eines umfassenden Dialogprozesses sein kann, an dem sich auch die Politiker und Anhänger anderer Parteien als Menschen beteiligen.

Dabei wäre es auch aus systemtheoretischer Sicht wichtig, wenn Sinn innerhalb der einzelnen Systeme sichtbar wird und Werte im Gesamtsystem klar sind und wenn die verschiedenen Systeme ihre strukturelle Kopplung mit den anderen Systemen behalten. Auf diese beiden Punkte soll nun kurz eingegangen werden.

Sinn ist eine Errungenschaft sozialer Systeme. In biologischen Systemen wie einem Urwald ist Sinn kein Thema. Innerhalb eines sozialen Systems ermöglicht Sinn die Selbstreferenz trotz einer wachsenden Zahl von Elementen. Den einzelnen Elementen ermöglicht er die Anschlussfähigkeit an ihr System. Geschaffen wird dieser Sinn durch Erleben und durch Kommunikation. In einem System mit einer großen Zahl von Elementen ist allerdings nicht klar, ob alle einen gemeinsamen Sinn erkennen, der für den Erhalt des Systems hilfreich ist. Werte sind noch breiter gefasst. Sie liefern die gemeinsame Basis für die Kommunikation in einer Gesellschaft und werden grundsätzlich von allen geteilt.

Werte sind allgemeiner als die konkreten Kommunikationsmedien Macht, Geld oder Wahrheit. In der Regel sind Werte recht allgemein, wie Frieden, Freiheit, Gleichheit oder Solidarität. Wie genau sie ausgelegt werden, wie man sie erreichen kann, ist dann weniger klar. Es kann unterschiedliche Perspektiven geben. In Zukunftsprozessen geht es genau darum, diese Vielfalt von Perspektiven und Annahmen sichtbar zu machen, Sinn und Werte zu verhandeln.

Signale aus der Umwelt aufnehmen

Jedes System hat immer einen Bezug zu seiner Umwelt. In der Sprache von Luhmann sind dies die strukturellen Kopplungen. Das einzelne System erkennt so, welche Voraussetzungen in seiner Umwelt herrschen, welche Möglichkeiten sich dadurch ergeben, oder woran es sich eventuell anpassen muss. Veränderungen in der Umwelt wirken als Irritationen in das jeweilige System und werden in diesem verarbeitet. Die große Frage ist, wie diese Signale übertragen werden und wie das Wissen über die Umwelt aufgebaut wird. Das kann über Krisen und Schocks geschehen. Oder über schleichende Veränderungen im Handeln der Umwelt.

Aus meiner Sicht wäre es wünschenswert, wenn die Signale aus der Umwelt frühzeitig im Dialog transportiert würden, um einige Krisen und Schocks zu vermeiden oder zumindest besser auf sie vorbereitet zu sein. Dieser Wunsch stößt auf die genannten systemtheoretischen Herausforderungen, beginnend mit der Frage, wer sich warum die Zeit für ein solches Unterfangen nehmen sollte.

Diese Herausforderungen zu kennen und im Design von Zukunftsprozessen zu berücksichtigen halte ich für enorm wichtig. Die Alternativen erscheinen mir weniger attraktiv: Entweder arbeitet jedes System vor sich hin und nimmt Veränderungen seiner Umwelt nur auf die harte Weise und spät wahr. Oder die Systeme versuchen, ihre Logik und ihre Kommunikationsmedien auf die anderen zu übertragen und sie somit zum Teil ihres Systems zu machen. Wenn zum Beispiel das Geld der Wirtschaft zum entscheidenden Medium auch in Politik und Wissenschaft werden sollte, dann nehmen Vielfalt und Kommunikation im Gesamtsystem ab. Oder wenn die Macht der Politik auch die Entscheidungen in Wirtschaft und Wissenschaft bestimmt, dann fehlen wichtige Kommunikationsmittel.

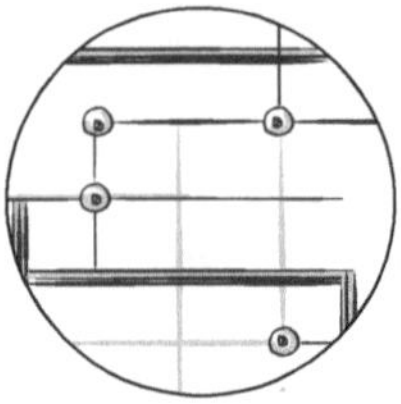

Klug an die Zukunftsarbeit herangehen

Dieses Kapitel soll Sie ermutigen im Wissen um diese Bedingungen komplexer Systeme so klug wie möglich an unserer gemeinsamen Zukunft zu arbeiten. Sie können die Grenzen ihres Systems besser erkennen, die Wirkung von Rollen klarer sehen und einen fruchtbaren Umgang damit versuchen. Die folgenden Kapitel geben Ihnen Werkzeuge dafür an die Hand und zeigen praktische Beispiele.

Wenn Sie zuvor mehr über Systemtheorie wissen möchten, so empfehle ich die Einführungsbücher von Dirk Baecker und von Armin Nassehi. Oder das „Glossar zu Niklas Luhmanns Theorie sozialer Systeme“ von Claudio Baraldi und Koautoren, aus dem hier einige Elemente stammen. Einen klugen Bezug zur Dialogtheorie stellt Michael Rautenberg in „Der Dialog in Organisation und Management – Illusion oder Perspektive. Eine systemtheoretische Zuspitzung“ her.

DIE BASIS
DIE WERKZEUGE
DIE ANWENDUNG

6 Der Trend ist nur manchmal dein Freund

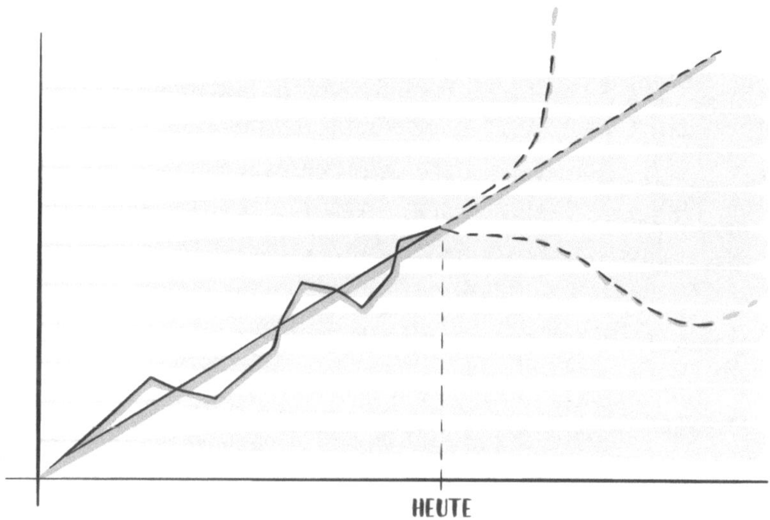

The trend is your friend – der Trend ist dein Freund. Das war eine der ersten Regeln, die ich Mitte der 1990er Jahre als Analyst in der Bankbranche lernte. Gemeint ist: Wenn sich eine Aktie oder ein ganzer Markt schon länger nach oben bewegt, dann sollte man diese Bewegung mitmachen und investieren. Wenn die Zinsen schon länger sinken, dann sollte man auf einen weiteren Rückgang setzen. Oft hat diese Regel gut funktioniert, oft aber eben auch nicht. Es reihte sich eine Überraschung an die andere. Die Asienkrise 1997/98 wirbelte zum Beispiel die Finanzmärkte weltweit durcheinander und sorgte in den betroffenen Ländern für heftige Verwerfungen. Dabei lief es doch vorher so lange so gut!

Russland wurde 1998 in den Strudel gezogen und wertete den Rubel um 60% ab. Die politischen Verwerfungen im Nachgang waren massiv. Im März 2000 endete abrupt der Trend steigender Aktienkurse von Internetunternehmen, was später als Dotcom-Blase bezeichnet wurde. Im Jahr 2007 folgte die Immobilienkrise, nachdem es vorher so lange nach oben gegangen war. Die Liste ließe sich beliebig fortsetzen. Klar ist: Irgendwann ist der Trend nicht mehr dein Freund. Können wir wissen, wann das der Fall ist? Oder können wir uns zumindest absichern, falls er endet? Können wir uns so robust aufstellen, dass wir in vielen möglichen Zukünften gut dastehen?

Wozu die Trendanalyse eingesetzt wird

Trends zu beschreiben und zu diskutieren kann ein wichtiger Beitrag zum klugen Umgang mit der Zukunft sein. Gute Zukünfteforscher wissen, wofür und wie sie Trends in ihrer Arbeit einsetzen. Sie sind in der Regel nur ein Baustein, ein leicht zugänglicher Baustein dieser Arbeit. Aus meiner Sicht gibt es mindestens drei Gründe, um Trends zu verwenden.

Erstens können Trends genutzt werden, um Themen hochzuhalten, die einem persönlich oder der jeweiligen Organisation wichtig sind. So soll Aufmerksamkeit gebündelt werden, Handeln anderer angestoßen werden, Gelder gelenkt werden. Mit diesen Motiven wurde zum Beispiel in den 1980er Jahren der Trend eines immer größeren Ozonlochs auf der Südhalbkugel der Erde sichtbar gemacht, inklusive der dadurch ausgelösten Zunahme an Krebserkrankungen. Mit Erfolg. Im Jahr 1987 einigte sich die Weltgemeinschaft auf das Verbot der Nutzung von Fluorchlorkohlenwasserstoff (FCKW) als Kältemittel, da es von Wissenschaftlern als Ursache des Ozonlochs ausgemacht worden war.

Ein aktuelles Beispiel ist der Trend des Temperaturanstiegs der Erde, der sichtbarer gemacht wird und zu entsprechendem Handeln anregen soll. Auf den Finanzmärkten werden täglich Produkte angeboten, die auf Trends setzen. Mittlerweile werden solche Anlageprodukte mit der staatlich verordneten Warnung versehen, dass Erfolge der Vergangenheit kein verlässlicher Indikator für die künftige Wertentwicklung sind. Man sollte sich also immer fragen, welche Interessen hinter einer Trenddarstellung und der oft damit verbundenen Prognose stehen.

Zweitens wird mit einer Trendanalyse die Informationsbasis für die weitere Diskussion gestärkt und zu weiteren Schritten angeregt. Warum wurde dieser Trend ausgewählt? Welche Ursachen liegen hinter dem Trend? Warum gibt es ihn überhaupt? Welche Verbindungen gibt es zu anderen Trends? Welche neuen Fragen ergeben sich aus der Diskussion? Diese und andere Fragen kann und sollte sich jeder Zukünfteforscher stellen, egal ob im privaten, geschäftlichen oder gesellschaftlichen Kontext. In jedem Zukünfteprojekt sollte an der passenden Stelle Zeit für solche Fragen sein. In der Methode der Zukunftssuche (Kapitel 10) ist das zum Beispiel während der Diskussion über die Gegenwart der Fall, nachdem zuvor die großen Ereignisse der Vergangenheit diskutiert wurden.

Drittens können Trends tatsächlich zur Prognose der künftigen Entwicklung eingesetzt werden, um eigenes Handeln daran zu orientieren. Das klappt vor allem dann passabel, wenn es entweder um eine sehr nahe Zukunft geht, oder wenn die Entwicklung der Vergangenheit recht stabil war. Wenn wir eine Straße überqueren, dann stellen wir immer auch Prognosen über das Verhalten der anderen Verkehrsteilnehmer an. Auf Basis unserer Erfahrung der Vergangenheit sind wir uns recht sicher, dass der 50 Meter entfernte Fahrradfahrer nicht in zwei Sekunden bei uns sein wird. Aber was ist, wenn es sich um ein E-Bike handelt?

Für Lebensversicherungen ist es hilfreich, dass die Lebenserwartung der Menschen in vielen Ländern recht stabil jedes Jahrzehnt um 2,5 Jahre steigt. So können sie künftige Auszahlungen und heute dazu passende Prämien berechnen. Auch hier gibt es keine hundertprozentige Sicherheit. Russland, die USA und Südafrika sind Länder, in denen durch Alkohol, Drogen oder AIDS die Lebenserwartung in einigen Jahren sank.

Ein drittes Beispiel: Für Zentralbanken und Regierungen ist eine Prognose des Wirtschaftswachstums mit Hilfe von Trends der Vergangenheit unabdingbar, weil sich davon Inflationserwartungen und Steuereinnahmen ableiten lassen. Solche Daten sind zwingend notwendig, um heute Zinsen festzulegen und Haushaltspläne zu erstellen. Das gilt auch, wenn man weiß, dass sich Inflation und Steuereinnahmen aus vielerlei Gründen doch anders entwickeln können wie im Jahr 2020 durch die Reaktionen auf die Corona-Pandemie.

Eigenschaften und Anforderungen an Trends

Statistisch ist ein Trend die gerichtete Veränderung einer bestimmten Variablen. Das bedeutet, dass jeder Trend mit einer Richtung verbunden ist. Etwas wird mehr oder weniger. Sonst sind es Konstanten, Zyklen oder nur Rauschen. Diese Richtung sollte aus jedem Trendtitel oder spätestens aus dessen Beschreibung sichtbar werden. Das Wort „Terrorismus“ für sich ist kein Trend. Erst die „Zunahme des Terrorismus“ zeigt die Richtung an.

Zudem sollte jeder Trend auch mit belastbaren Belegen für seine Existenz einhergehen. In der Regel sind das Zeitreihen für einen oder mehrere wichtige Aspekte des Trends. Um beim unschönen Thema „Zunahme des Terrorismus“ zu bleiben: Was genau soll und kann belegt werden? Eine Zunahme der Anzahl terroristischer Anschläge? Weltweit oder in einem bestimmten Land? Oder geht es um die Zahl der Getöteten und Verletzten durch die Anschläge? Wie genau wird „Terrorismus“ definiert? Wo ist die Trennung zum (Bürger)Krieg? Man sieht, dass schon in der Definition und der Messung eines Trends wieder wichtige Fragen auftreten. Solche Fragen sollte sich jeder Nutzer von Trends auch stellen und sie bringen in jedem Zukunftsprojekt wertvolle Einsichten.

Mit Trends soll unter anderem die Informationsbasis für weitere Diskussionen verbreitert werden. Daher ist es wichtig, dass zu jedem Trend die fundamentalen Ursachen und Treiber benannt werden. Wieder das unschöne Beispiel der Zunahme des Terrorismus: Warum greifen mehr Menschen zu Gewalt? Ist es ein Armutsphänomen? Liegen internationale Machtkämpfe dahinter?

Mit diesen Fragen ist man mitten in der Diskussion um systemische Ursachen, um Erzählungen und vielleicht auch um Mythen und Metaphern, von denen in Kapitel 11 viel die Rede sein wird.

Viele wichtige Trends

Der Trend zu mehr Trends begann spätestens mit John Naisbitts Buch „Megatrends" im Jahr 1982. Dort zeigte er auf, welche breite und globale Wirkung einige Trends entfalten können, die Megatrends. Seitdem sprießen rund um den Globus Trenddatenbanken, Trendkonferenzen und Trendanalysen aus dem Boden. Die Vielfalt der Quellen ist zu groß, um ihr hier gerecht werden zu können. Kurz erwähnt seien die „Global Trends", die der National Intelligence Council der US-Regierung seit 1997 alle vier Jahre veröffentlicht. Der britische Zukunftsforscher Richard Watson erstellt regelmäßig Landkarten mit hunderten von Trends, die die Diskussion über heutige Ereignisse und mögliche zukünftige Entwicklungen stimulieren sollen. Das Competence Center Foresight des Fraunhofer Instituts für System- und Innovationsforschung veröffentlicht eine große Zahl von Trendprofilen als Teil seiner Arbeit in größeren Zukunftsprozessen.

Fünf konkrete Beispiele sollen die Möglichkeiten und Grenzen der Trendanalyse für den Umgang mit der weitgehend offenen Zukunft aufzeigen.

Beispieltrend 1: „Die Einkommen steigen". Das ist ein alter Trend, den man mit Unterbrechungen durch Rezessionen und Kriege bis zum Beginn der industriellen Revolution zurückverfolgen kann. Als Datengrundlage wird in der Regel das Einkommen pro Einwohner verwendet. Zu den Ursachen des Trends gehören die zunehmende Arbeitsteilung und die bessere Ausbildung der Menschen. Ob der Trend so weiter geht ist offen. Vielleicht schwächt er sich ab, weil der Konsum an Grenzen der Aufnahmefähigkeit der Menschen und des Planeten stößt. Oder weil immer mehr negative Auswirkungen der Globalisierung sichtbar werden und die internationale Arbeitsteilung nicht mehr so schnell weiter geht wie in der Vergangenheit. Oder der Trend verstärkt sich durch technologische Innovationen. Wir wissen es nicht. Bei aller Belastbarkeit und Belegbarkeit des Trends ist aber offen, was wir mit ihm anfangen sollen. Genügt die Information des Trends, um den wichtigen Themen der Zeit nachzugehen? Ist ein allgemeiner Durchschnitt des Einkommens über alle Menschen im Land überhaupt relevant? Sollten wir nicht besser das „Äquivalenzeinkommen des Medians“ nutzen, also berücksichtigen, dass alleinlebende Menschen mehr Einkommen benötigen als Mehrpersonenhaushalte und uns auf die Personen in der Mitte der Einkommensverteilung konzentrieren? Oder brauchen wir getrennte Einkommensentwicklungen für die obersten und die untersten 10% der Bevölkerung? Ist Einkommen überhaupt die richtige Größe oder sollten wir nicht besser das Vermögen berücksichtigen? Fragen über Fragen, sobald man einen Trend etwas genauer betrachtet.

Beispieltrend 2: „Die Lebenserwartung steigt“. Hier ist bereits die Formulierung des Trendtitels wichtig. In diesem Beispiel heißt es nicht „Alterung der Gesellschaft“ oder „Die Menschen werden immer älter“. Grund dafür ist die unklare und subjektive Definition von „alt“, die sich auch noch im Zeitablauf ändern kann („60 ist das neue 50“). Klar definierbar und messbar ist dagegen die durchschnittliche Lebenserwartung von Menschen in einem bestimmten Alter. Schön an diesem Trend ist auch, dass es klare Ursachen gibt, speziell die immer bessere Gesundheitsversorgung. Hilfreich ist auch, dass der Anstieg in den letzten Jahrzehnten recht stabil war, was einen weiteren Anstieg erwarten lässt.

Dann geht es aber mit den Fragen auch zu diesem Trend los: Was machen wir mit der Information, dass die Menschen immer länger leben? Wer lebt eigentlich besonders lange? Gibt es einen Zusammenhang mit dem Bildungsniveau und dem Einkommen? Was bedeutet das alles für die staatliche Altersvorsorge? Wie definieren wir „alt"? Macht es Sinn, von einer „erwerbsfähigen Bevölkerung im Alter bis 65 Jahre" zu sprechen, oder sollte „erwerbsfähig" nicht flexibler und individueller definiert werden? Was bedeutet der Trend für die Gesundheitsvorsorge? Für das Bildungssystem? Fragen über Fragen, obwohl dieser Trend schon lange da ist, sich stabil zeigt und sich vermutlich fortsetzen wird. Einige dieser kraftvollen Fragen können mit detaillierteren Daten und von Fachleuten beantwortet werden. Andere sollten in einem möglichst breiten gesellschaftlichen Dialog verhandelt werden. Der Trend bietet dann „nur" eine Datengrundlage für die Verhandlung über wünschenswerte Zukünfte und die Suche nach einer gemeinsamen Basis für künftiges Handeln.

Beispieltrend 3: „Urbanisierung". Hier genügt ausnahmsweise ein Wort, um einen Trend zu beschreiben. Immer mehr Menschen ziehen in die Städte. Indikatoren lassen sich dafür leicht finden: Der Anteil der Bevölkerung, der in Städten mit mehr als 100.000 Einwohnern lebt. Schon bei der Suche nach den Ursachen wird es dann unübersichtlich. Im Mittelalter hieß es „Stadtluft macht frei“. Da ist vermutlich auch heute noch etwas dran. Konkrete Ursachen für die Urbanisierung in den letzten Jahren könnten sein: Die besser gewordene Luft in den großen Städten – im Vergleich zu den 1960er und 70er Jahren. Die schlechte Versorgung mit Breitband-Internetanschlüssen auf dem Land. Die zunehmende Akademisierung und damit der Zuzug von Studierenden in die Universitätsstädte.

Diese Liste lässt sich noch lange fortsetzen und wissenschaftliche Studien haben die einzelnen Push- und Pull-Faktoren im Detail analysiert. Nicht klar ist, ob dieser Trend sich fortsetzen wird. Möglicherweise führen überfüllte Parks, Schulen, Straßen oder U-Bahnen zusammen mit den hohen Mieten in den großen Städten zu einem Ende des Trends. Möglicherweise entschließt sich die Politik für einen flächendeckenden Breitbandausbau auch in ländlichen Regionen, für eine intensivere Förderung des ÖPNV und der sozialen Infrastruktur auf dem Land. Auch hier gilt wieder: Die Beobachtung eines Trends ist die Ausgangsbasis für weiterführende Fragen. Einige dieser Fragen können von Wissenschaftlern klar beantwortet werden, andere sollten eher im gesellschaftlichen Dialog angegangen werden. Vermutlich entstehen aus dem Dialog heraus weitere Fragen und hoffentlich auch neue Lösungen für neue Zukünfte, die ohne den Dialog nicht möglich gewesen wären.

Beispieltrend 4: „Die Vielfalt der Bevölkerung nimmt zu“. In diesem Trendtitel werden verschiedene Aspekte zusammengefasst, um einen stärkeren, breiteren Trend zu bilden. Es geht vermutlich um den messbaren Anstieg des Bevölkerungsanteils mit Migrationshintergrund oder auch um die weniger leicht messbare Ausdifferenzierung von Lebensstilen, von Berufen, von Kleidungsvorlieben oder Unterhaltungsgewohnheiten. In der Evolutions- und Komplexitätstheorie ist das ein wenig überraschender Trend, da höhere Entwicklung regelmäßig mit mehr Vielfalt und Variationen einhergeht.

Auch dieser Trend regt eine lange Liste von Fragen an: Wie gehen wir mit der zunehmenden Vielfalt um? Welche Kompetenzen braucht es dafür? Oder braucht es solche Kompetenzen nicht, da ohnehin jeder für sich bleibt? Bleibt jeder für sich? Welche Annahmen machen wir über andere? Tut uns die Vielfalt gut, uns Einzelnen und uns als Gesellschaft? Wenn nein, warum nicht? Sollten wir die Grenzen der Vielfalt in Kleidungsstilen, Verhalten in der Öffentlichkeit oder auch der Kindererziehung neu justieren? In den Antworten auf diese Fragen werden unterschiedliche Weltbilder, Vorstellungen gelingender Zukünfte und Erzählungen sichtbar. Der Dialog ist auch hier ein geeignetes Format, um diesen Fragen nachzugehen.

Beispieltrend 5: „Umweltthemen werden wichtiger". Das ist ein gewollt unpräziser Titel, um auf Fallen in der Formulierung von Trends hinzuweisen. Bei den Umweltthemen könnte es sich um die Wasserqualität der Flüsse, die Luftqualität in den Städten, die Müllmenge, die Biodiversität oder die Temperatur der Erde handeln. Oder um alles zusammen. Die ersten beiden Themen waren vermutlich in den 1960er Jahren mindestens genauso wichtig wie heute. Wo ist dann der Trend? Auch ist nicht klar, ob „wichtiger" sich auf die absolute oder relative Einschätzung in Meinungsumfragen bezieht oder auf konkretes Handeln. Vielleicht geht es auch um die Zahl von Gesetzesvorschlägen zu Umweltthemen. Aktuell lässt sich wohl am einfachsten der Trend belegen, dass den Menschen das Thema Klimawandel laut Umfragen immer wichtiger wird. Auch hier beginnen dann wieder die Fragen, die Sie gerne selbst entwickeln mögen.

Richtig spannend wird es, wenn wir uns auch noch die Querverbindungen zwischen den verschiedenen Trends ansehen. Offensichtlich hat der Trend des steigenden Einkommens eine Auswirkung auf den Ressourcenverbrauch und damit auf die Umweltthemen. In der Zukunft könnten die Umweltthemen auch Auswirkungen auf das Wirtschaftswachstum haben. Über das Vorzeichen dieser Auswirkungen lässt sich lange diskutieren. Oder Vielfalt und Einkommen: Oft wird darauf verwiesen, dass eine hohe Vielfalt mit höherer Innovationskraft und wirtschaftlichem Erfolg einher geht.

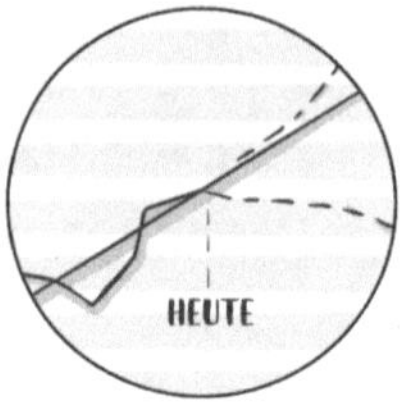

Schließen Sie Freundschaft mit Trends

Menschen mit hoher Zukünftebildung nutzen Trends und hinterfragen, wie diese beschrieben und wofür sie genutzt werden. Sie erarbeiten aus der Trendanalyse kraftvolle, weiterführende Fragen. Ich lade Sie ein, diesen Aspekt der Zukünftebildung zu trainieren.

Greifen Sie sich aus einer Internetrecherche einen oder mehrere (Mega)Trends heraus. Hinterfragen Sie, was hier genau der Trend ist, ob der Titel so gut gewählt ist. Wie gut der Trend belegt ist, was die Ursachen sein könnten, was die Konsequenzen sind. Welche tieferliegenden Fragen sich ergeben. Sprechen Sie mit anderen Menschen darüber. Oder entwickeln Sie aus dem Trend sogar eine Frage für einen Dialog-Salon wie im ersten und zweiten Kapitel beschrieben.

Oder sie vertiefen sich zunächst in die 60 Trendprofile zur gesellschaftlichen Veränderung 2030, die das Fraunhofer Institut für das Bundesministerium für Bildung und Forschung zusammengetragen hat. Die oben erwähnte Trendlandkarte von Richard Watson „Mega Trends and Technologies" ist über nowandnext.com frei zugänglich – und regt hoffentlich zu intensiven Diskussionen an.

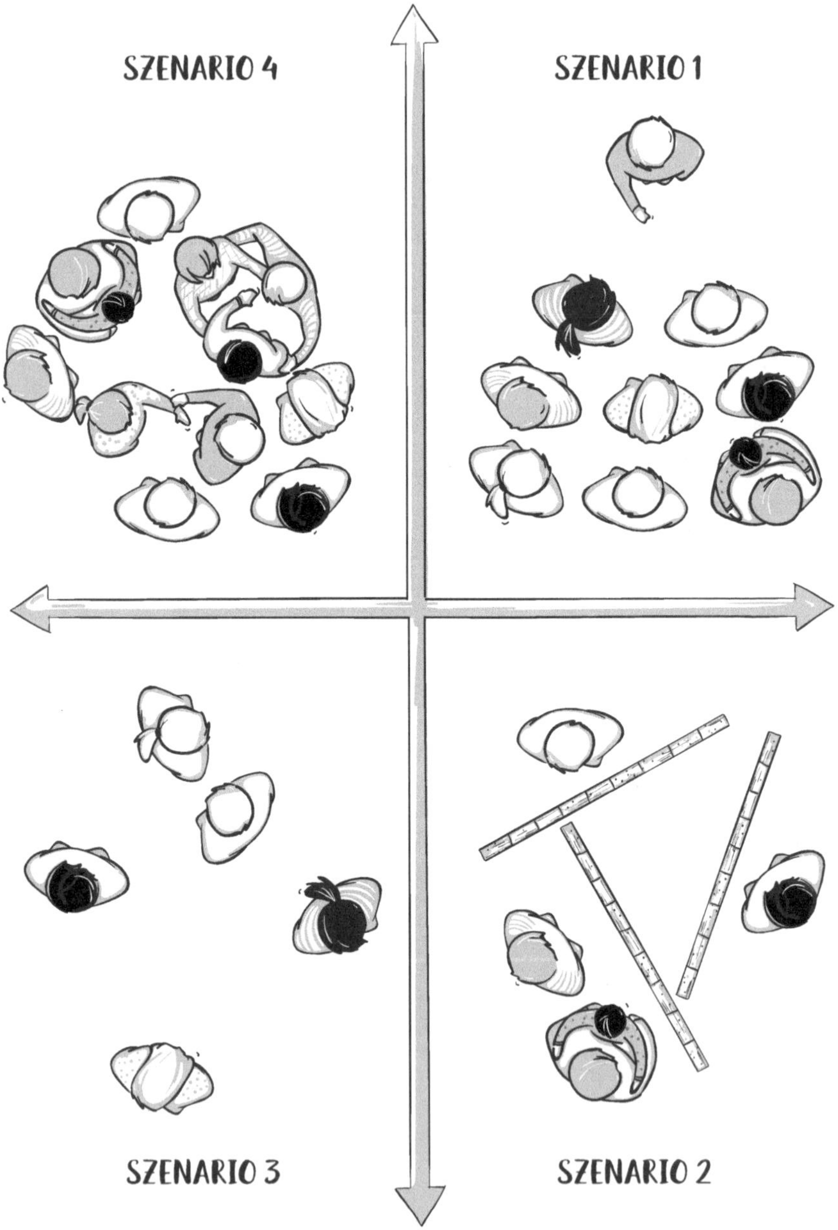
SZENARIO 4
SZENARIO 1
SZENARIO 3
SZENARIO 2

7 Szenarien öffnen das Denken

Frühjahr 2020. Millionen Menschen rund um den Globus sitzen zu Hause. Sie arbeiten von zu Hause, lernen von zu Hause, kaufen von zu Hause ein und lassen sich zu Hause unterhalten. Tausende Menschen sterben, die Gesundheitssysteme sind in vielen Ländern überlastet, die Politik überfordert, die Wirtschaft schrumpft. Warum waren wir nicht besser vorbereitet? Warum hat das niemand kommen sehen? Hat es niemand kommen sehen? Einige haben es gesehen. Einerseits die Gesundheitsexperten, die schon Jahre zuvor vor der Zeitbombe warnten. Andererseits diejenigen, die Zukunftsszenarien erstellten und darin Pandemien beschrieben. Zum Beispiel tötet in einem von vier Szenarien der Rockefeller-Stiftung aus dem Jahr 2010 ein Virus acht Millionen Menschen weltweit und bringt den internationalen Warenaustausch und den Tourismus zum Erliegen. Lediglich China reagiert in diesem Szenario schnell und entschlossen genug, um das Virus einzudämmen. Die chinesische Wirtschaft kommt bald wieder auf die Beine. Aus Sicht des Jahres 2020 ist das ein schauriger und allzu realitätsnaher Rückblick. Mit einer Analyse von Trends der Vergangenheit alleine lassen sich solche Szenarien nicht erstellen. Es braucht eine Methode, die das Denken weiter öffnet: Die Szenariomethode.

Offenheit der Zukunft berücksichtigen

Sie ist mittlerweile eine weit verbreitete Vorgehensweise, in der verschiedene Techniken zum Einsatz kommen. Eine Möglichkeit ist es, ausgehend von der offiziellen Zukunftsprognose ein Szenario zu beschreiben, das deutlich besser ist und eines, das deutlich schlechter ist. Das ist methodisch eng gedacht und bleibt nah an der Fortschreibung der Vergangenheit. Hier wird die Offenheit der Zukunft wenig berücksichtigt. So können keine Ergebnisse entstehen, wie die aus einem Szenarioprozess zur Zukunft des Private Banking, den ich moderieren durfte. Sie trugen unter anderem die Namen „ex DDR“ und „Die Blattschneiderameise“.

Ich verwende gerne die adaptive Szenariomethode, die in den 1970er Jahren im Ölkonzern Shell unter der Leitung von Pierre Wack entwickelt wurde. Ihm ging es darum, zusätzlich zu Trends und Prognosen einen besseren Umgang mit der unsicheren, offenen Zukunft zu entwickeln. Der Legende nach war Shell durch seine Szenarioarbeit besser auf den unerwarteten Ölpreisschock nach dem Jom-Kippur-Krieg 1973 vorbereitet. Damals vervierfachte sich der Ölpreis innerhalb weniger Jahre. Es folgten autofreie Sonntage und Fahrverbote. Peter Schwartz, der 1982 Pierre Wack als Chef der Szenarioplanung bei Shell ablöste, hat die Methode weiter verfeinert und in Artikeln und einem Buch weit verbreitet.

Die Frage am Anfang

Jeder Szenarioprozess startet mit einer relevanten Frage, auf die man die Antwort nicht kennt und auch nicht kennen kann, weil es eine große Zahl möglicher Entwicklungen gibt, auf die man nur begrenzt Einfluss hat. Zum Beispiel: Wie könnte der technologische

Fortschritt die gesellschaftliche Entwicklung in 20 Jahren beeinflussen? Wie könnte sich die wirtschaftliche Lage in China in den nächsten zehn Jahren entwickeln? Wie könnten sich meine beruflichen Perspektiven bis zur Rente darstellen? Mit jeder Frage und mit jedem Szenarioprozess ist üblicherweise ein Zeithorizont verbunden. Dieser sollte hinreichend weit vorne liegen, um offenes Denken zuzulassen und gleichzeitig noch eine Verbindung zu heutigem Handeln zu erlauben.

Dann gilt es, die Personen und Informationen in den Prozess zu bringen, die hilfreiche Perspektiven auf die Leitfrage bieten könnten. Dazu gehören Menschen mit unterschiedlichen Sichtweisen, Hintergründen und Erfahrungen. Nicht nur die Fachleute, die ohnehin immer miteinander reden, sondern auch Menschen mit abweichenden Perspektiven. Und es sollten idealerweise Personen eingebunden werden, die die Ergebnisse in ihren Entscheidungsfindungen berücksichtigen können. Denn hier gilt wie überall: Wenn man an der Entstehung von etwas selbst beteiligt war, dann ist es wahrscheinlicher, dass man sich die Ergebnisse zu eigen macht.

Die Mechanik eines solchen adaptiven Szenarioprozesses ist relativ einfach. Zunächst werden viele mögliche Einflussfaktoren auf das Thema des Prozesses gesammelt. Dann werden diese Faktoren nach der Stärke ihres Einflusses und nach der Unsicherheit über ihre künftige Entwicklung sortiert. Anschließend werden die zwei Faktoren ausgewählt, die besonders wichtig und zugleich besonders unsicher sind. Mit ihnen wird ein Szenariokreuz aufgespannt: an den Achsen finden sich die beiden großen Unsicherheiten mit jeweils hoher/positiver und tiefer/negativer

Ausprägung. Dann wird für jeden Quadranten ein in sich stimmiges Bild der Zukunft beschrieben, das auch die anderen Einflussfaktoren mitführt. Das Ergebnis sind vier mehr oder weniger detailliert beschriebene Zukunftsbilder, die sich deutlich voneinander unterscheiden.

Mehrwert durch Kommunikation

Während die Mechanik nicht besonders kompliziert ist, entstehen die großen Herausforderungen und der große Mehrwert in der praktischen Durchführung eines Szenarioprozesses. Hier wird für die Teilnehmenden offensichtlich, wie viele Einflussfaktoren eine Rolle spielen können. Es wird auch sichtbar, dass unterschiedliche Menschen unterschiedliche Einschätzungen zur Bedeutung und Unsicherheit dieser Einflussfaktoren haben. Zahlen werden gesucht, Trendanalysen erstellt. Die Prozessbegleitung sorgt dafür, dass man sich nicht in Detaildiskussionen verhakt. Und es werden Zukunftsbilder erarbeitet, die möglicherweise irritieren und wenig mit der offiziellen Zukunft gemein haben.

Das alles ist aus meiner Sicht der eigentliche Mehrwert eines Szenarioprozesses: Die Kommunikation zwischen Disziplinen, Abteilungen, Silos, Sichtweisen oder Weltbildern wird ebenso gefördert wie das Wissen über die komplexen Zusammenhänge hinter der jeweiligen Leitfrage. Darauf kann man dann zugreifen, wenn sich die Zukunft plötzlich anders entwickeln sollte als gedacht und auch anders als in jedem der vier im Prozess erarbeiteten Szenarien.

Das Ergebnis dieser Arbeit sind nicht Prognosen oder Wahrscheinlichkeiten für die einzelnen Szenarien. Die tatsächliche Entwicklung wird ohnehin nicht genau einem davon entsprechen. Vermutlich wird es eher eine unübersichtliche Mischung aus mehreren Szenarien sein. Diese können aber dabei helfen, neue Informationen besser einzuordnen und passende Maßnahmen einzuleiten. Es können Indikatoren entwickelt werden, mit denen sich überprüfen lässt, ob man sich auf ein bestimmtes Szenario zubewegt. Es können Optionen für robuste Handlungen erarbeitet werden, die in jedem der Szenarien vermutlich zu einem halbwegs wünschenswerten Ergebnis beitragen und auch leicht anzupassen sind. In komplexen, adaptiven, emergenten Systemen ist das eine stimmige Vorgehensweise.

Diese adaptive Szenariomethode eignet sich besonders für Themen, auf deren zukünftige Entwicklung man wenig Einfluss hat, wie zum Beispiel auf den Ölpreis. Man wird in die Lage versetzt, in verschiedenen Zukünften zu denken, mit der Offenheit und Unsicherheit der Zukunft besser umzugehen. Man lernt, sich besser auf Eventualitäten vorzubereiten. Soweit man doch eigenen Gestaltungsspielraum hat, dann kann man versuchen, sich für die Realisierung des positivsten Szenarios einzusetzen.

Die transformative Szenariomethode

Adam Kahane, der nach Wack und Schwartz die Szenarioarbeit bei Shell leitete, war nicht zufrieden mit dieser adaptiven Perspektive. Er wollte die Zukunft aktiv durch transformative Szenarien verändern, idealerweise verbessern. Dazu arbeitet er noch heute am liebsten mit Personen, die tatsächlich einen Einfluss auf die künftige Entwicklung haben. Berühmt wurde er durch sein Projekt nach dem Ende der Apartheid in Südafrika. Im Konferenzzentrum „Mont Fleur“ außerhalb von Kapstadt moderierte er im Jahr 1991 einen Prozess mit 22 schwarzen und weißen Führungskräften aus Politik, Wirtschaft und Zivilgesellschaft. Er arbeitete mit drei großen Unsicherheiten, die aufeinander aufbauten: Würde es eine Einigung zwischen Schwarzen und Weißen geben? Würde der Übergang rasch von statten gehen? Und würden die Regierungsentscheidungen nachhaltig sein? Im Zentrum der Analyse standen die verschiedenen Möglichkeiten, ohne sie zu bewerten.

Kahanes Hoffnung war aber doch, dass die Anwesenden sich gemeinsam für das von allen als besonders wünschenswert angesehene Szenario stark machen und dieses dadurch wahrscheinlicher machen. Der „Vogel Strauß" mit dem Kopf der weißen Politik im Sand war es nicht, die „Lahme Ente" mit einer entscheidungsunfähigen Koalitionsregierung ebenso wenig wie der „Ikarus" einer nicht nachhaltigen Politik. Wirklich langfristig attraktiv war lediglich der „Flug der Flamingos", in dem ein gesellschaftlicher Übergang gelingt. Die Szenarien wurden illustriert, verfilmt und in den großen Wochenzeitungen Südafrikas veröffentlicht. Nach dem Prozess bezogen sich Politiker immer wieder öffentlich auf das Flamingo-Szenario, das dadurch in den Köpfen der Entscheider und der Bevölkerung verankert wurde.

Seitdem setzt Kahane die transformative Szenarioplanung ein, wenn drei Bedingungen gegeben sind: Erstens geht es um ein Thema, das eine instabile, inakzeptable, nicht nachhaltige Situation aufweist, was allen Beteiligten klar ist. Zweitens können die einzelnen Akteure die Situation nicht alleine lösen, indem sie zum Beispiel andere in eine bestimmte Richtung zwingen. Vielmehr ist die Zusammenarbeit des gesamten Systems notwendig.

Und drittens kann das Problem nicht direkt angegangen werden, weil man sich zunächst auf eine Lösung verständigen müsste, wofür wiederum Beziehungen untereinander gestärkt und Verständnis für einander gefördert werden müssten.

Erst dann entsteht ein gemeinsames Ziel und das Handeln kann darauf ausgerichtet werden. In den letzten Jahren ist Kahane die Einigung auf ein gemeinsames Ziel weniger wichtig geworden. Ein solches ist in vielen komplexen Situationen zu ambitioniert. Er konzentriert sich nun auf die gemeinschaftliche Erarbeitung von neuen Lösungsideen für konkrete Herausforderungen. Das deckt sich mit den Einblicken aus der Zukünftebildung, wo neue Ideen und Fragen entwickelt werden und es nicht um Zukunftsbilder geht, auf die sich alle einigen müssen.

Wirkungen von Szenarioarbeit

Die große Herausforderung für jegliche Zukunftsarbeit ist die Frage, ob sie etwas bewirkt, etwas verbessert. Werden bessere Lösungen gefunden als ohne den Szenarioprozess? Das ist nur schwer solide zu belegen, zumal die Gegenprobe fehlt und wir in der Regel auch nicht wissen können, was „besser" ist. Wurden neue Ideen und weiterführende Fragen entwickelt? Das lässt sich halbwegs verlässlich ermitteln. Wurden neue Beziehungen und neues Vertrauen geschaffen, die eine bessere Basis für künftige Zusammenarbeit bieten? Das lässt sich durch Befragungen vor, direkt nach und mehrere Jahre nach einem Prozess beobachten. Wurde die Informationsgrundlage verbessert und sichtbar gemacht? Dazu sind gut gemachte Publikationen und deren Verbreitung hilfreich, was sich relativ leicht beobachten lässt.

Viele Möglichkeiten für viele Szenarien

Für Sie ergeben sich unterschiedliche Möglichkeiten, um die Einblicke dieses Kapitels zu nutzen:

Zudem könnten Sie die Bücher von Peter Schwartz „The Art of the Long View – Planning for the Future in an Uncertain World" (1991), von Kees van der Heijden „Scenarios – The Art of Strategic Conversation" (1996/2005) oder von Adam Kahane „Transformative Scenario Planning – Working Together to Change the Future" (2013) lesen, die alle leider noch nicht ins Deutsche übersetzt wurden.

Sie können sich auf eine systematische und idealerweise kollaborative Suche nach wichtigen Unsicherheiten zu ihrem Thema begeben. Welches sind wichtige Einflussfaktoren auf die Zukunft Ihrer Organisation oder Ihrer Branche, von denen Sie ehrlicherweise nicht wissen können, wohin sie sich entwickeln werden? Machen Sie diese Unsicherheiten sichtbar, diskutieren Sie diese mit ihrem Umfeld – vielleicht sogar mit Hilfe der Szenariomethode.

8 Visionen: Bilder wünschenswerter Zukünfte

Viele Menschen, vor allem in westlichen Kulturkreisen, haben eine mehr oder weniger klare Vorstellung davon, wie die eigene Zukunft aussehen soll, was man dort für sich sieht (lateinisch: visio). Oder sogar mehrere Bilder unterschiedlicher gelingender Zukünfte. Und vermutlich auch Bilder davon, wie die eigene Zukunft bitte nicht aussehen soll. Diese Vorstellungen sind allzu menschlich. Noch mehr: Unsere

Vorstellungen sind das einzige, was wir heute von der Zukunft wissen können. Schließlich können wir nicht dorthin fahren, um sie zu erforschen und zu vermessen.

Während Trends und Szenarien einen Blick auf wahrscheinliche und mögliche Zukünfte versuchen, sind Visionen der Zugang zu dem, was wir uns wünschen und was halbwegs realistisch ist. Im Unterschied dazu sind Utopien vermeintlich unrealistische Unorte im Später. Und Dystopien sind Bilder von dem, was wir gerne vermeiden möchten.

Ein wichtiger Baustein

In vielen größeren Zukunftsprozessen sind Visionen ein wichtiger Baustein: In der Zukunftssuche (Kapitel 10) besteht die Vision aus dem kleinsten gemeinsamen Nenner der verschiedenen Anspruchsgruppen im Thema. In Zukünftelaboren (Kapitel 12) machen sie die Annahmen der Beteiligten sichtbar und schaffen die Ausgangsbasis für Experimente mit alternativen Zukünften. In der wertschätzenden Erkundung (Kapitel 13) sind sie der Traum, der auf den positiven Erfahrungen der Gegenwart aufbaut. In Lebensqualitätsprozessen (Kapitel 17 bis 19) sind sie die Zusammenfassung der Dialogphase und die Basis für die Suche nach passenden Indikatoren.

Eine Gefahr oder Herausforderung bringen Visionen immer mit sich: Sie sind nur die Zusammenfassung einer einzigen möglichen Zukunft und können den Blick auf alternative Zukünfte verstellen. Während eine Vision erarbeitet wird, haben abweichende Ansichten wenig Platz. Sie werden als Minderheitsmeinungen zur Seite gelegt oder irgendwie passend umformuliert. Und wenn man sich auf eine Vision festgelegt hat, dann bestimmt diese auch die Wahrnehmung der Beteiligten. Genau das ist Sinn und Zweck von Visionen. Allerdings könnten durch diese Fixierung auf eine Zukunft andere mögliche Entwicklungen übersehen oder ignoriert werden. Diese Gefahr lässt sich in längerfristigen Visionsprozessen verringern, wenn ergänzend mit Szenarien oder mit alternativen Zukünften gearbeitet wird.

Eine weitere Grenze besteht im Umgang mit Neuem. Visionen entstehen aus den Werten und Vorlieben der Vergangenheit und der Gegenwart. Wie können wir auf dieser Basis erkennen, ob Neues wünschenswert ist oder nicht? Dabei wäre es so wichtig zu wissen, ob man das neu Entstehende stärken möchte oder schnell wieder loswerden sollte. Die Lösung scheint darin zu bestehen, Visionen hinreichend allgemein zu formulieren, sodass Neues daran gemessen werden kann. Wenn zum Beispiel Freiheit, Vielfalt und Offenheit immer wiederkehrende Elemente von Zukunftsbildern sind, dann sollte sich jedes neue Gesetzesvorhaben, jede Produktinnovation und jede Firmengründung daran messen lassen.

Visionen bestehen oft aus großen Hoffnungen und in sie werden große Hoffnungen gesetzt. Im Idealfall motivieren sie die Menschen dazu, sich einzeln oder gemeinsam für diese Zukunft einzusetzen und Ressourcen in deren Umsetzung zu stecken. Wenn man den Eindruck hat, dass sich andere mit ihren jeweils eigenen Möglichkeiten für ein größeres Gemeinsames einsetzen, dann ist man eher bereit, das auch zu tun. Visionen haben also idealerweise einen klaren Bezug zum Handeln in der Gegenwart.

Anforderungen an Visionen

Mit Visionen werden die Wünsche vieler Beteiligter wie in einem Mosaik zu einer Gesamtschau vereint. Das klingt leichter als es ist. In der Praxis gilt es einige Anforderungen zu erfüllen:

▌ Zunächst sollten Visionen positiv formuliert sein. Sie tragen das zusammen, was mehr werden soll, was gestärkt werden soll. So wird eine positive Grundeinstellung eingenommen, die Signale der Zuversicht und des – hoffentlich nicht zu unrealistischen – Verbesserungspotentials sendet. Es werden also nicht die Probleme und Schwachstellen aufgeführt, die gelöst oder verringert werden sollen. Es wird nicht gegen unerwünschte Zustände gekämpft, was in der Regel wenig Freude macht und oft einiges an Energie benötigt. Hier geht es nicht darum, die Augen vor den Problemen zu verschließen, sondern diese in der Vision positiv zu formulieren. Zum Beispiel war das Volksbegehren 2019 in Bayern auch deshalb so erfolgreich, weil es nicht gegen Pflanzenschutzmittel oder Überdüngung war, sondern sich für Artenvielfalt und Naturschönheit einsetzte.

▌ Zweitens sollten Visionen tatsächlich gemeinschaftlich geteilt sein, wenn sie von der Zielgruppe akzeptiert und getragen werden wollen. Nur dann werden sich die Menschen in einer freiheitlichen Gesellschaft für deren Umsetzung stark machen. Nur dann kann die Vision als Bindeglied zwischen den Menschen zusätzliche Energie freisetzen. Theoretisch kann eine solche breit akzeptierte Vision auch von einer kleinen Gruppe von klugen, vorausdenkenden Menschen entwickelt werden. Die anderen Menschen werden dann im Lauf der Zeit verstehen, warum diese Vision so gut für sie ist. Im Unternehmenskontext mag das eine praktisch relevante Möglichkeit sein, man denke an die Strahlkraft von Steve Jobs bei Apple. Auf der gesellschaftlichen Ebene erscheinen partizipativ entwickelte Visionen dagegen vielversprechender zu sein. Das mag daran liegen, dass man Ergebnisse eher akzeptiert, wenn man an deren Entstehung beteiligt war. Oder es mag an der größeren kollektiven Intelligenz liegen, die mehr unterschiedliche Menschen zusammen einbringen. Mit Hilfe kompetenter Prozessbegleitung kann man mit diesen unterschiedlichen Wertvorstellungen konstruktiv umgehen.

▌ Visionen sollten, drittens, anschaulich dargestellt sein, damit sie von allen Menschen in der Zielgruppe leicht verstanden werden können. Neben einem Text in leichter Sprache können (Wimmel) Bilder, Zeichnungen, Videos, Grafiken und andere Mittel genutzt werden, um die wünschenswerte Zukunft sichtbar zu machen. In den Diskussionen mit den Grafikern, Textern oder Zeichnern können zudem weitere wichtige Aspekte der Zukunft aufgedeckt oder geklärt werden.

▌ Die vierte Anforderung an kraftvolle Visionen ist die Herausforderung oder die Ambition, die sich mit ihr verbindet. Wenn das Zukunftsbild heute schon weitgehend Wirklichkeit ist oder ohne eigene Anstrengung automatisch erreicht wird, dann kann keine gemeinsame Energie für die Umsetzung freigesetzt werden.

▌ Fünftens sollten Visionen anpassungsfähig sein und nicht zu Dogmen erstarren. Wenn sich im Zeitablauf das Umfeld verändert, wenn sich neue Themen als wichtig herausstellen, wenn sich die Werte der Menschen ändern, dann sollte auch die Vision angepasst werden. In größeren Visionsprojekten sollte alle vier oder fünf Jahre eine Überarbeitung möglich sein: Ist uns noch immer das wichtig, was wir damals zusammengetragen haben? Welche Entwicklungen gab es seitdem?

Zudem ist es notwendig, dass der Zeithorizont und die Zielgruppe für die Vision klar sind. Das nächste Jahr ist in der Regel ein zu kurzer Zeithorizont, das Jahr 2100 für viele unvorstellbar weit weg. Die meisten Visionen beziehen sich daher auf einen Zeithorizont zwischen 5 und 30 Jahren. Zielgruppen können die Mitarbeiter eines Unternehmens, alle Bewohner einer Stadt, eines Landes oder der ganzen Welt sein. Oder einzelne Gruppen, wie Kinder, Pflegekräfte oder Journalisten.

Schließlich erscheint es grundsätzlich hilfreich, wenn der Visionsprozess an einer oder mehreren relevanten Stellen verankert ist. Diese Institutionen können der Knotenpunkt sein, an dem die verschiedenen Fäden der Visionserstellung zusammenlaufen, der für Sichtbarkeit sorgt und die Umsetzung begleitet. Wünschenswert ist es, wenn diese Institutionen inhaltlich neutral sind, also die Ergebnisse nicht in ihrem eigenen Interesse tatsächlich oder vermeintlich beeinflussen. Parteipolitische Akteure werden selten als neutral gesehen, da die jeweilige Opposition den Ergebnissen grundsätzlich skeptisch gegenübersteht.

Ein gemeinschaftlich geteiltes Zukunftsbild

Visionen müssen nicht unbedingt innovativ und überraschend sein. Manche erscheinen auf den ersten Blick eher langweilig und bekannt. Das ist gut so. Denn dann ist es wahrscheinlich, dass hier ein gemeinschaftlich geteiltes Zukunftsbild erstellt wurde. Der Wert von Visionen liegt nicht in der Kontroverse, sondern in der gemeinsamen Basis. Ein Beispiel:

„[...] ist eine wirtschaftlich prosperierende Gesellschaft, in der die Menschen friedlich miteinander leben und die natürliche Umwelt nicht zu stark belasten. Die Menschen erfreuen sich guter Gesundheit, eines hohen Bildungsniveaus, sinngebender Arbeit, vielfältiger kultureller Möglichkeiten und tragen zur Entscheidungfindung der Gemeinschaft bei.“

Hier würden die meisten Menschen zustimmend nicken, was eine gute Basis für Aktionen zum Erreichen dieser Zukunft ist. Ein geringes Innovationspotential bedeutet nicht, dass man einfach die Vision des Nachbarlandes oder der Nachbarstadt übernehmen könnte. Auch wenn das Ergebnis weitgehend deckungsgleich wäre, können Nuancen entscheidend sein und vor allem das Gefühl, diese Vision selbst mit verfasst zu haben. Wirklich wichtig sind der Abgleich mit dem aktuellen Zustand und die Bereitschaft sich für die Vision einzusetzen.

Freude an positiven Zukünften

Visionsarbeit ist an vielen Stellen auf allen Ebenen möglich. Im Unternehmen, im Verein, in der Schule oder der Stadt. Entscheidend ist der Dialog über die Frage, was den Menschen wichtig ist, welche realisierbare Zukunft sie sich wünschen.

Warum machen wir das, was treibt uns an, welche Werte soll unsere Vision beinhalten? Starten Sie einen solchen Prozess in ihrem Feld.

Entwickeln Sie eine gute Frage, überlegen Sie wer, mitdiskutieren sollte, und moderieren Sie einen Dialog dazu. Fangen Sie klein an. Finden Sie Mitstreiter, umschiffen Sie Gegner. Haben Sie Freude an der gemeinsamen Arbeit zu positiven Zukünften.

9 Wo wir stehen: Indikatoren

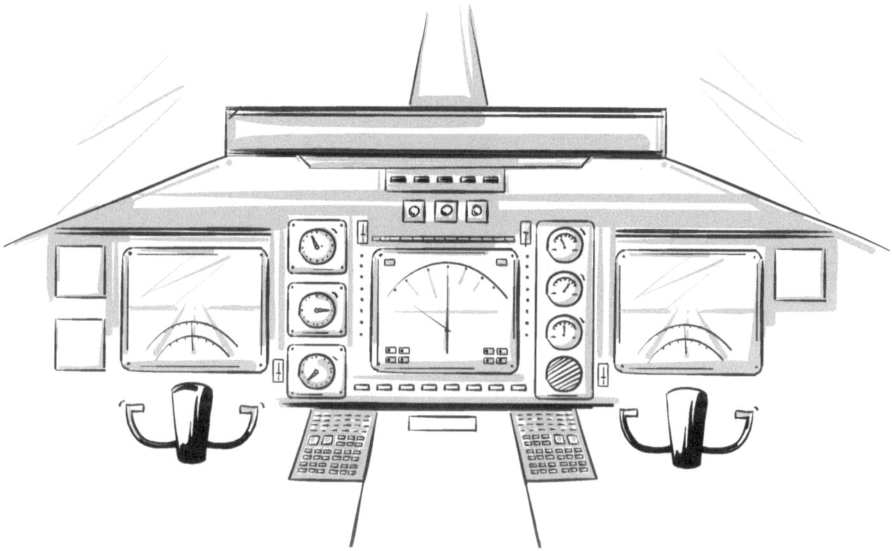

„Sie wissen, dass ich nichts davon halte. Aber machen Sie mal." Das war die Reaktion meines damaligen Vorgesetzten, des Chefvolkswirts der Deutschen Bank, Norbert Walter, als ich ihm 2005 von meinen Plänen zur breiten Messung gesellschaftlichen Fortschritts berichtete. In einer Studie wollte ich auch Umfragewerte, also subjektive Indikatoren für Lebensqualität und Lebenszufriedenheit, einbeziehen. Das ist für manche Volkwirte nach wie vor ungewohntes Terrain. Umso mehr bin ich Norbert Walter noch heute dankbar, dass er mich machen ließ, und später sogar den Titel der Studie entwarf: „BIP allein macht nicht glücklich", passend zur Volksweisheit „Geld allein macht nicht glücklich“. Die Studie sorgte innerhalb und außerhalb der Bank für einige Aufregung. Nicht alle Volkswirte in der Bank erkannten damals die Bedeutung breiter Wohlfahrtsmessung. Außerhalb wurde die Studie von einigen als Marketingaktion interpretiert, mit der das Image der Bank verbessert werden sollte. Dort unterschätzte man die Unabhängigkeit der Forscher in der Bank. Andere nutzten die Studie, um damit ihre Themen zu fördern: „Sogar die Deutsche Bank sagt…“. Sie unterschätzen die Bedeutung der Forscher in der Bank.

Zahlen werden an vielen Stellen gebraucht

Ohne belastbare und relevante Indikatoren wäre Zukünfteforschung auf Meinungen und Vermutungen über den heutigen Zustand angewiesen. Ein Indikator soll anzeigen (Lat. indicare) ob ein bestimmter Zustand vorhanden ist. So ist die Körpertemperatur ein wichtiger Indikator für die Gesundheit eines Menschen. Im Laufe der Jahrhunderte hat man Wege gefunden, die Körpertemperatur immer genauer zu messen und herausgefunden, dass Werte über 38 Grad auf eine Erkrankung hindeuten. Allerdings weiß man auch, dass eine Temperatur von 37 Grad eine Krankheit nicht ausschließt. Um eine passende Therapie zu finden, braucht man in der Regel zusätzliche Indikatoren wie die Herzfrequenz, den Blutdruck oder das Schmerzempfinden. Verfolgt man diese Indikatoren im Zeitverlauf, so lässt sich an ihnen der Erfolg der Therapie ablesen: Sinkt das Fieber, dann scheint der Patient auf dem Weg der Besserung und die Medikamente wirken. Gleiches gilt für komplexe gesellschaftliche Systeme. Um herauszufinden wie es einem Land oder einer Stadt geht, ist das Einkommen der Menschen ein wichtiger Indikator. Es kann aber allein kein Gesamtbild liefern. Wir brauchen weitere relevante Indikatoren. Und wir brauchen im Idealfall deren Entwicklungen im Zeitablauf, damit wir feststellen können, ob sich etwas verbessert oder verschlechtert.

In der Zukünfteforschung leisten Zahlen und Indikatoren an vielen Stellen wichtige Dienste. Besonders offensichtlich ist das für die Trendanalyse. Sie basiert auf Zahlen, die von den Fachleuten als Indikatoren bestimmter Entwicklungen interpretiert werden. Die Auswahl treffen die Fachleute aus ihren jeweiligen Blickwinkeln. In einem Szenarioprozess werden Indikatoren im Laufe der Arbeit gemeinsam entwickelt: Mit ihrer Hilfe soll überprüfbar werden, ob sich das System in die Richtung des einen oder des anderen Szenarios entwickelt.

Manchmal sind diese Indikatoren schon verfügbar. Oft werden sie erst im Prozess definiert. Dann wird nach Wegen gesucht, um sie zu erheben oder sie von Spezialisten zu erhalten. Zum Beispiel: In welcher Höhe über dem Meeresspiegel und an welchen Stellen sollte die Konzentration von FCKW in welchen zeitlichen Abständen durch welche Organisation gemessen werden, um die Größe des Ozonlochs abbilden zu können? Oft benötigen neue, relevante Indikatoren zusätzlichen zeitlichen und finanziellen Aufwand. Und oft werden Kompromisse gemacht, weil die idealen Indikatoren nicht bereitgestellt werden können. Gleichzeitig kann die Diskussion über die Indikatoren zu einer weiteren Klärung der Szenarien beitragen.

In Visionsprozessen helfen Indikatoren vor allem dabei, Handlungsbedarf zu identifizieren: Nachdem die Visionen formuliert wurden, werden dazu passende Indikatoren zusammengestellt, die möglichst die gesamte Themenbreite abdecken. Weiße Flecken in der Datenbasis werden idealerweise aus neuen Quellen oder mit neuen Erhebungen behoben. In einem Visionsprozess können schnell ein Dutzend verschiedener Quellen zusammenkommen und einige Platzhalter für noch nicht verfügbare Daten. Wenn es um relativ neue Themen wie die Digitalisierung geht, dann stellt man schnell fest, wie wenig belastbare Zahlen man zu wichtigen Themen hat. Wissen wir zum Beispiel, ob die digitalen Technologien eher die Selbstbestimmug der Menschen fördern oder die Fremdbestimmung? Tragen sie eher zu Anpassung oder zu Vielfalt bei? Repräsentative Bevölkerungsbefragungen können dazu einen ersten, subjektiven Eindruck vermitteln. Etwas Besseres haben wir im Moment nicht, deshalb sollten wir diesen Weg gehen – immer wissend um dessen Grenzen.

Zukünfte und die Lebensqualitätsforschung

Die Verbindung zwischen Zukünfteforschung und Lebensqualitätsforschung ist offensichtlich. In der Zukünfteforschung geht es oft genug darum „bessere Zukünfte zu kreieren“ (Titel des Buches von James Ogilvy), welche Szenarien wünschenswert sind oder ganz allgemein „in welcher Welt wir leben wollen“ (Sohail Inayatullah). Die normativen Fragen nach dem guten, gelingenden Leben schwingen fast immer mit. Genau darum geht es in der Lebensqualitätsforschung, die passende Indikatoren und oftmals auch Interventionen erarbeitet, die ein Mehr an Lebensqualität ermöglichen sollen. Es geht darum das zu messen, was wichtig und messbar ist.

Neben dem Bezug zu den Szenarien oder den Visionen, die gemeinschaftlich erarbeitet wurden, sollten Indikatoren noch einige andere Anforderungen erfüllen, um wirklich hilfreich zu sein:

▌ Erstens sollten sie an einem Ergebnis orientiert sein. Im Falle einer kranken Person erfassen wir deren Wohlergehen eher mit der Körpertemperatur als mit der Menge an Arzneimitteln, die eingenommen wird. Ähnlich sollte der Bildungserfolg einer Gesellschaft nicht mit den Ausgaben dafür gemessen werden. Ausgaben können ohne Wirkung verpuffen. Andererseits können positive Effekte auch ohne finanzielle Ausgaben, sondern mit eigenen Anstrengungen entstehen. Besser sind Maße für die erworbenen Kompetenzen – so diese mit Zahlen halbwegs abbildbar sind.

▌ Zweitens sollte jeder Indikator mit einer klaren Bewertung der Richtung einhergehen. In Visionsprozessen stellt sich die Frage nach der gewünschten Entwicklung des Indikators. In Szenarioprozessen geht es darum, zu welchem Szenario ein Rückgang und zu welchem ein Anstieg des Indikators passt. Nicht immer ist das klar. Der Anteil von Menschen in der Bevölkerung, die älter als 65 Jahre sind, kann in mehrere Richtungen interpretiert werden. Für die einen drückt ein höherer Anteil eine wünschenswerte Entwicklung zu längerer Lebenserwartung aus. Andere sehen in einem Anstieg eine Belastung der Rentensysteme und eine sinkende Innovationskraft. Hier gilt es nach passenderen Indikatoren zu suchen, wie zum Beispiel der Lebenserwartung selbst oder den relativen Anteilen von Rentnern und Beitragszahlern (vermutlich mit dem Wunsch der Stabilität derselben).

▌ Drittens sollten sich die Werte der Indikatoren durch menschliche Interventionen verändern lassen – wie die Körpertemperatur von Kranken. Dann kann man die entsprechenden Maßnahmen auf den Weg bringen, also Medikamente nehmen oder Kindern aus benachteiligten Verhältnissen eine besondere Förderung zukommen lassen. Diese Veränderung sollte zu einer echten Verbesserung führen und nicht nur kosmetischer Natur sein. Wenn man zum Beispiel Arbeitslose durch eine veränderte Definition aus der Statistik nimmt, so sehen zwar die offiziellen Zahlen besser aus, eine echte Verbesserung ist aber nicht eingetreten. Oder wenn die Zahl von Schulabgängern ohne Hauptschulabschluss durch besonders leichte Prüfungen gesenkt wird, dann ist die Bildung nicht besser geworden. Das sind Beispiele für die berühmte Regel von Charles Goodhardt, nach der Indikatoren nutzlos werden, sobald sie zu politischen Zielen werden und die Werte entsprechend gesteuert werden.

▌ Viertens sollten die Indikatoren leicht verständlich sein. Die Körpertemperatur ist uns allen geläufig und verständlich. Vom Bruttoinlandsprodukt (BIP) haben die meisten Menschen so viel gehört, dass sie es als Maß für wirtschaftliche Aktivität zu verstehen meinen und es akzeptieren, ohne selbst genau zu wissen, wie es berechnet wird. Wenn man auf die Besonderheiten der Berechnung hinweist, dann werden parallel zum steigenden Verständnis auch Zweifel an der Aussagekräftigkeit des BIP für

Wohlstand geweckt. Ein fachlich gut gemachter Indikator für die Bildungsmobilität zwischen Eltern und Kindern mag hochgradig relevant sein, verständlich ist er wohl nur für wenige Fachleute.

▌ Fünftens kann man versuchen objektive und subjektive Indikatoren klug miteinander zu kombinieren. Ein halbwegs objektives Maß für die Sicherheit in einer Stadt ist die Zahl der Straftaten. Diese Zahl kann allerdings durch die Intensität der Polizeiarbeit oder die Neigung zur Anzeige einer Straftat beeinflusst werden. Nimmt man noch das subjektive Sicherheitsgefühl der Menschen hinzu („Fühlen sie sich nachts in ihrer Stadt sicher?"), dann kann ein klareres Gesamtbild entstehen. Ein niedriges Sicherheitsgefühl bei gleichzeitig niedriger Kriminalitätsrate zieht andere Schlussfolgerungen nach sich als bei hoher Kriminalitätsrate.

▌ Sechstens wäre es wichtig und wünschenswert, wenn die Indikatoren zeitnah und als Zeitreihen verfügbar wären. Werte, die sich auf einen Zeitpunkt vor drei Jahren beziehen, sind im Frühwarnsystem eines Szenarioprozesses kaum brauchbar. Ein einzelner Datenpunkt kann uns keine Auskunft über eine Verbesserung oder Verschlechterung im Zeitablauf geben. Manche Indikatoren sind heute in Echtzeit verfügbar (Außentemperatur), andere täglich (Covid-19 Infizierte), andere monatlich (Arbeitslosenzahlen), quartalsweise (Bruttoinlandsprodukt) oder jährlich (Lebenserwartung der Menschen). Manche dieser Indikatoren sind unmittelbar verfügbar, bei anderen braucht die Berechnung einige Tage oder Wochen. Das alles gilt es in der Auswahl der zu verwendenden Indikatoren in einem Zukunftsprojekt zu berücksichtigen.

Indikatoren zum Verständnis der Gegenwart

Lassen Sie sich nicht abschrecken von den Anforderungen an gute Indikatoren, sondern nutzen Sie Zahlen, um die Gegenwart besser zu verstehen. Haben Sie keine Angst vor deren Unzulänglichkeiten und den Fallstricken. Machen Sie diese sichtbar und diskutieren Sie die Herausforderungen mit anderen Menschen.

Suchen Sie nach besseren Indikatoren, die mehr von dem abbilden, was Sie wirklich abbilden wollen. Sind Sie unzufrieden mit Abiturientenquoten oder PISA-Ergebnissen als Maß für gute Bildung, weil es Ihnen eigentlich um Bildung zur Selbstermächtigung der Menschen geht? Wie wäre es mit einer Befragung der Menschen zu deren Kontrolle über das eigene Leben („locus of control“)? Diesen Indikator gibt es sogar schon. Was auch immer Ihr Herzensthema ist: Machen Sie sich auf die Suche nach den besten Zahlen.

Falls Sie Studien mit vielen Zahlen zu einem meiner Herzensthemen lesen mögen, der Lebensqualität: „Die glückliche Variante des Kapitalismus 2.0“ oder „Besser leben in Deutschland“ sind elektronisch ebenso frei verfügbar wie die Ergebnisse aus den Lebensqualitätsprozessen „Schöne Aussichten – Forum für Frankfurt“, #gutlebendigital und „Gut leben in Deutschland“. Oder schauen Sie in Hans Roslings Buch „Factfulness - Wie wir lernen, die Welt so zu sehen, wie sie wirklich ist“.

ZUKUNFT
WOHIN WIR WOLLEN
GEGENWART
WO WIR STEHEN
VERGANGENHEIT
WO WIR HERKOMMEN

10 Eine gemeinsame Zukunft suchen

Spät an einem Freitag im Jahr 2013 in den Räumen einer Stiftung in Berlin-Mitte. Die Köpfe von zwanzig jüngeren Führungskräften aus Politik, Wirtschaft, Wissenschaft, Medien und Kultur rauchen. Relativ viele Männer sind im Raum, die meisten stehen der CDU nahe. Seit dem frühen Nachmittag habe ich mit ihnen zum Thema „Deutschland im Jahr 2040" gearbeitet. Nun sind alle Beteiligten überrascht: Als wichtigste gemeinsame Grundlage für eine gelingende Zukunft wird „sozialer Frieden" sichtbar. Nicht „hohes Wirtschaftswachstum", „starke Exporte" oder „niedrige Steuern", wie ich und wohl auch andere im Raum zu Beginn des Treffens vermutet hatten. Sondern sozialer Frieden. Auch Zufriedenheit, Individualität, Offenheit und Nachhaltigkeit fanden breite Zustimmung. Im Laufe des Tages hatten wir die Erfahrungen der Teilnehmenden zusammengebracht, die kollektive Intelligenz im Raum genutzt, um ein wichtiges Thema sichtbar zu machen, das viele Länder in den Jahren danach immer stärker beschäftigen sollte: sozialer Frieden.

Als Prozessbegleiter setzte ich an diesem Tag die Methode „Future Search" ein, die Zukunftssuche (oft: Zukunftskonferenz) in einer kleinen, verkürzten Variante. Diese Methode ist hilfreich, wenn verschiedene Interessensgruppen zu einem eher kontroversen Thema zusammenkommen und nach einer gemeinsamen Basis für ihre Aktivitäten suchen wollen. Im Wechsel zwischen kleinen

Gruppen und dem Plenum haben wir die großen Ereignisse der Vergangenheit diskutiert, die Trends der Gegenwart gesammelt und Wünsche an die Zukunft formuliert.

Die kollektive Intelligenz aller Beteiligten

Die Zukunftssuche wurde von Marvin Weisbord und Sandra Janoff entwickelt und seit Jahrzehnten rund um den Globus eingesetzt. Ich sehe sie als einen besonders hilfreichen Ansatz, um stimmig mit komplexen gesellschaftlichen Systemen zu arbeiten. Man setzt nicht nur auf einzelne Fachleute, sondern auf die kollektive Intelligenz aller Beteiligten. Es geht weniger um die Lösung einzelner Probleme (was oft der Behandlung von Symptomen entspricht), sondern um deren Ursachen im gesamten System.

Der Ablauf, den Weisbord und Janoff entwickelten, ist strikt und zugleich anspruchsvoll. Aus meiner Sicht ist das die Idealfassung, aus der man passend zu den jeweiligen Möglichkeiten auch einzelne Elemente auswählen kann. Die folgende Darstellung der Methode soll einerseits aufzeigen wie klug durchdacht sie ist. Andererseits auch Lust darauf machen, einzelne Elemente im Kleinen auszuprobieren.

In der Zukunftssuche soll das gesamte System in einem Raum zusammenkommen. Wird zum Beispiel über die Zukunft der Bildung gesprochen, so sollten idealerweise Schüler, Eltern, Lehrer, Verwaltung, Politik, Wirtschaft, Wissenschaft und Vereine dabei sein. Weisbord und Janoff bevorzugen acht Gruppen mit jeweils acht Mitgliedern, also insgesamt 64 Teilnehmende. Wer schon einmal eine Veranstaltung mit zwei oder drei dieser Gruppen besucht oder sogar moderiert hat, der weiß von der

Größe dieses Anspruchs. Die Herausforderungen für den Einladungsprozess und das Design der Veranstaltung sind erheblich. Der wichtige Punkt ist, dass man versuchen sollte, möglichst viele Gruppen einzubinden.

Noch höher wird der Anspruch, wenn man idealerweise zwei Tage vom Mittag des ersten Tages bis Mittag des übernächsten Tages zusammenkommt. Das ist ein großer zeitlicher Einsatz, der mit einer hohen Wirkungserwartung einhergehen sollte. Diesem Ideal wird man nicht immer gerecht werden. Im Beispiel „Deutschland im Jahr 2040“ hatten wir nicht das ganze System im Raum, immerhin mehr Teile als auf anderen, eher homogenen Veranstaltungen. Und wir hatten nur einen Nachmittag und Abend zur Verfügung. Auch so lassen sich Ergebnisse erzielen, die über das hinausgehen, was auf klassischen Vortragsveranstaltungen und Podiumsdiskussionen möglich ist.

Vergangenheit, Gegenwart und Zukunft

Nach einer Einführung zu den Zielen und zum Ablauf der Veranstaltung stellen sich zunächst alle Teilnehmenden vor. Idealerweise geschieht das in gemischten Teams mit je einer Person aus den unterschiedlichen gesellschaftlichen Gruppen. Und es geschieht auf einer persönlichen Ebene, indem man sich beispielsweise über prägende Erfahrungen im eigenen Leben austauscht. So werden erste Verbindungen zwischen den Gruppen geknüpft und die fachliche Interessensebene tritt zunächst in den Hintergrund. Das ist ein Einstieg, der jeder Veranstaltung guttun kann, um später über Einzelinteressen hinweg konstruktiv zusammenzuarbeiten.

Im nächsten Schritt wird die Vergangenheit in den Blick genommen. Alle Teilnehmenden schreiben zunächst jeder für sich die großen Ereignisse oder Meilensteine der Gesellschaft und zum jeweiligen Thema auf und positionieren sie auf Zeitachsen an der Wand. Dann erarbeiten die gemischten Gruppen daraus Geschichten, die diese Einblicke zusammenbringen. Diese Geschichten werden im Plenum vorgestellt und dann wiederum in den gemischten Teams diskutiert. So kann sichtbar werden, welche unterschiedlichen Schwerpunkte man aus der Vergangenheit mitbringt. Unterschiede in Sprache und Begrifflichkeiten werden aufgedeckt, was wiederum eine wichtige Voraussetzung für eine tragfähige Zusammenarbeit in den nächsten Schritten ist.

Von der Vergangenheit geht es zur Gegenwart und den Trends, die heute auf das Thema einwirken. Alle Teilnehmenden schreiben die aus ihrer Sicht wichtigsten Trends für sich auf. Dann erarbeiten alle gemeinsam eine strukturierte Übersicht dazu. Ziel ist es eine Gesamtschau der wichtigsten Entwicklungen in sozialen, technologischen, wirtschaftlichen, ökologischen und politischen Themen zu erhalten.

So können weiße Flecken sichtbar werden und auch Themen mit hoher Aufmerksamkeit. Beides ist in jedem Zukunftsprozess eine gute Idee. Die verschiedenen Gruppen können dann zwei oder drei Trends vertiefend diskutieren: Welche Auswirkungen haben diese Trends zum Beispiel auf die Gruppe der Eltern? Wie hängen sie mit anderen Trends zusammen? Wie gehen wir heute mit den Trends um? Was könnten wir in Zukunft damit machen?

Für die Ernte im Plenum sammeln sie dann die heutigen Handlungen dieser Gruppe, auf die sie mit Bezug zum Thema der Veranstaltung besonders stolz sind. Und auch die Punkte mit Bezug zum eigenen Handeln, die ihnen leidtun oder die sie rückblickend anders angehen würden. Sie könnten sagen: „Als Eltern tut es uns leid, dass wir dem Trend der zunehmenden Digitalisierung nicht mehr Aufmerksamkeit geschenkt haben." Die Vorstellung im Plenum und die anschließende Diskussion werden das Verständnis für das Thema und für die Situation der verschiedenen gesellschaftlichen Gruppen fördern.

Nachdem diese Basis gelegt ist, das Verständnis für die Sprache und die Blickwinkel der anderen Gruppen gestärkt ist, kann es in die Zukunft gehen. In den gemischten Teams vom Beginn der Veranstaltung werden erwünschte Zukünfte des Themas im gewählten Zeithorizont entwickelt. Visionen. Was wollen wir in der Zukunft sehen? Welche Programme und Strukturen existieren? Welche Interaktionen? Was wurde von wem getan, um dort hin zu kommen? Während die Gruppen ihre Zukunftsvisionen vorstellen, schreiben alle Teilnehmenden die Elemente auf, die anscheinend allen im Raum wichtig sind. Diese Elemente werden dann zunächst in den homogenen Gruppen diskutiert und sortiert. Was ist allen Mitgliedern dieser Gruppe und vermutlich auch den Mitgliedern der anderen Gruppen wichtig?

Die Suche nach den Gemeinsamkeiten

Dann werden diese Elemente im Plenum gesammelt, kontroverse Punkte zur Seite gelegt. Die entstehenden Sammlungen von ähnlichen Punkten können dann in kleinen Gruppen vertieft werden:

Wie genau sieht dieser Aspekt einer von allen Teilnehmenden gewünschten Zukunft aus? Die Gruppen stellen ihre Ergebnisse wiederum im Plenum vor. Zum Schluss bleibt die Planung der Handlungen: Welche Gruppe kann was machen, um diese gemeinschaftlich erarbeitete wünschenswerte Zukunft wahrscheinlicher zu machen? Welchen Beitrag wird jeder Einzelne einbringen?

Die Zukunftssuche ist eine wichtige Methode, um die Vielfalt der Perspektiven auf ein Thema konstruktiv sichtbar zu machen. Es geht weder um Streit und Auseinandersetzung, noch darum, dass alle überall einer Meinung sind. Unterschiede werden sichtbar gemacht. Im Mittelpunkt steht allerdings die Suche nach den Gemeinsamkeiten.

So wird eine klare Basis für künftiges Handeln gelegt. Man sieht den Zusammenhang zwischen dem, was man selbst macht, und was andere machen. Alles zahlt in ein großes Ganzes ein. Eine Zukunftssuche kann Lähmungen lösen, neue Ideen generieren, Hoffnung machen, Verbindungen herstellen, Gemeinschaft stärken und ist somit ein wichtiger Beitrag zur Gestaltung der Zukunft. Themen gibt es genug, die nach einem solchen Vorgehen rufen: Die Zukunft der Gesundheit, der Mobilität, des Lernens oder der Arbeit.

Gastgeber mit hoher Reputation nötig

Wichtigste Voraussetzung für eine Zukunftssuche ist, dass sich die verschiedenen Gruppen auf diese Art der Zusammenarbeit einlassen. Ähnlich wie vor einem transformativen Szenarioprozess haben sie erkannt, dass die anderen Möglichkeiten nicht zu dauerhaft wünschenswerten Situationen führen: Die Mächtigen sehen ein, dass die Machtausübung einer einzelnen Gruppe weder sozial noch demokratisch ist – und oft mit Nebenwirkungen einhergeht. Die Passiven sind motiviert sich einzubringen. Und die externen Kritiker lassen sich auf den Dialog mit den anderen Akteuren ein. Zudem braucht es neutrale Gastgeber mit hoher Reputation, die auch noch über die nötigen finanziellen und methodischen Ressourcen verfügen, um einen solchen Prozess zu ermöglichen.

Im Beispiel „Deutschland im Jahr 2040“ hatten sich immerhin 20 Führungskräfte aus unterschiedlichen Sektoren zusammengefunden und auf diese Art des Arbeitens eingelassen. Zur ursprünglich geplanten Folgeveranstaltung zu den nächsten Schritten und den konkreten Handlungen kam es bedauerlicherweise nicht. War man erschrocken über das unerwartete Kernergebnis „sozialer Frieden“? Merkte man, dass man sich zu diesem Thema im nächsten Schritt mit anderen gesellschaftlichen Gruppen zusammensetzen müsste? Hatte man Sorge, dass mögliche Handlungsempfehlungen unangenehme Kontroversen im eigenen Umfeld auslösen würden? Oder war man einfach nur mit dem „Tagesgeschäft“ völlig ausgelastet? Wer weiß, vielleicht hätten einige unerfreuliche Entwicklungen der vergangenen Jahre verlangsamt werden können, wenn wir uns dem Thema „sozialer Friede“ gemeinsam intensiver gewidmet hätten.

Keine Zukunftsmethode kann alles bieten. Der Fokus der Zukunftssuche liegt auf der gemeinsamen Basis und der Planung für die Zukunft. Dabei besteht die Gefahr, dass man sich auf die eine, enge Zukunftsvorstellung fixiert. Große Unsicherheiten wie im Szenarioprozess liegen außerhalb des Sichtfeldes. Man sollte die Methode also vor allem dann einsetzen, wenn man vermeintlich oder tatsächlich einen großen Einfluss auf die Zukunft dieses Themas hat, wenn Planung möglich ist.

Zudem geht die Zukunftssuche den kontroversen Themen nicht weiter nach. Hier können Zeitbomben schlummern, die später explodieren und das gemeinsam Erreichte zunichtemachen können. Andererseits könnten es auch Samen von wirklich neuen und kreativen Lösungen sein, die später eine ganz andere Sicht auf die Zukunft ermöglicht hätten. Samenbomben vielleicht, für die es heute nur deshalb keine gemeinsame Basis gibt, weil sie zu neu, zu wenig sichtbar sind.

Einladung an andere Gruppen

Eine zweitägige Zukunftssuche mit 64 Teilnehmenden werden wohl nur die wenigsten von uns auf den Weg bringen können. Es gibt aber Möglichkeiten, um einzelne Elemente dieser Methode einzusetzen.

> **Zum Beispiel können Sie einen Raum geben, um Erfolge der Vergangenheit zu einem wichtigen Thema sichtbar zu machen. Und Sie können andere Gruppen wertschätzend und offen einladen, die am gleichen Thema arbeiten wie Sie. Vielleicht beginnend mit einer unverfänglichen Diskussion über die großen Trends der Gegenwart. Innerhalb der eigenen Organisation können Sie mehr Dialog und Klarheit über gemeinschaftlich geteilte Elemente einer gelingenden Zukunft ermöglichen.**

Zur Lektüre bietet sich von Marvin Weisbord und Sandra Janoff das Originalbuch „Future Search – Getting the Whole System in the Room for Vision, Commitment and Action" an, oder die deutsche Übersetzung von Christoph Trunk „Die Zukunftskonferenz - Ein Leitfaden für die Praxis".

11 Mehrere Ebenen in den Blick nehmen

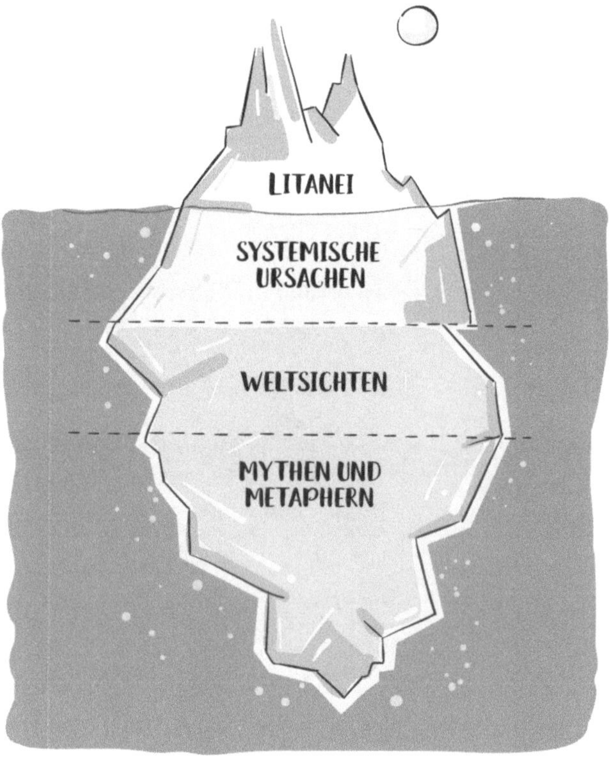

Mai 2019 im tiefgekühlten 52. Stock des Emirates Tower in Dubai. Hier, im Regierungssitz der Vereinigten Arabischen Emirate, setze ich eine relativ neue Zukunftsmethode ein, die kausale Mehrebenenanalyse. Im Auftrag der UNESCO bereiten wir zwei große Veranstaltungen für den Herbst vor und testen nun gemeinsam mit Regierungsvertretern einige mögliche Elemente. Es geht um die Zukunft des öffentlichen Sektors und um die Zukunft der Bildung in den Emiraten im Jahr 2050. Nachdem wir bereits über wahrscheinliche und wünschenswerte Zukünfte gesprochen hatten, über Trends und Visionen, wird nun tiefer gebohrt. Jetzt geht es um die sichtbare Litanei, die darunterliegenden systemischen Ursachen, die Weltsichten und schließlich die Mythen und Metaphern.

Alternative Bilder entwickeln

Als wünschenswert und durchaus wahrscheinlich hatte sich ein schlanker und virtueller öffentlicher Sektor herauskristallisiert, der sich an den Bedürfnissen der Bevölkerung ausrichtet und ressortübergreifend eng zusammenarbeitet. Soweit so gut, so sinnvoll, so bekannt und so oberflächlich. Nun geht es darum, dieser weit verbreiteten Erzählung auf den Grund zu gehen. Zunächst frage ich die Teilnehmenden nach den Handelnden und den Strukturen, die in dieser Zukunft eine wichtige Rolle spielen. Wenig überraschend nennen sie den Bildungssektor, technologischen Fortschritt, verantwortungsvolle Führung und Leistungsorientierung. Das zeigte uns klarer, in welchem Feld wir uns bewegen und auf wen zu achten ist.

Spannender wird es, als wir uns im dritten Schritt den Weltsichten der Beteiligten an der Diskussion zuwenden: Welche Einstellungen und Werte stehen hinter der Erzählung? Welche Annahmen werden sichtbar? Hier kommt die Diskussion öfter ins Stocken, da dies nicht nur an diesem Ort ungewohnte Fragen sind. Wir tasten uns vor zu Werten wie Gleichheit, Freiheit, Flexibilität, Wettbewerb und anderen. Die großen Themen und Fragen. Von

Digitalisierung, Flugtaxis und künstlicher Intelligenz ist nun nicht mehr die Rede. Sie schwingen nur als Teil der Erzählung mit, die uns den Weg in die Diskussion über Werte geöffnet hatte.

Im vierten Schritt bitte ich meine Gruppe in einem Slogan zusammenzufassen, worum es in ihrer eben beschriebenen Zukunft geht. Welches Bild, welche Metapher würden sie verwenden? „Wir gestalten eine dynamische Zukunft" war das stimmige und ausgesprochen wertvolle Ergebnis. Zunächst war die Rede sogar von „Wir kontrollieren die Zukunft", was der Gruppe dann doch zu hoch gegriffen erschien. Mit diesem tiefen Verständnis von Litanei, Akteuren, Weltsichten und der Metapher dahinter war es nun Zeit, den Horizont weiter zu öffnen und über Alternativen zu sprechen. Gibt es eine andere Metapher, die vielleicht den Blick auf andere Weltsichten und andere Akteure lenkt? Das ist eine schwierige Aufgabe in jedem Kontext, in jeder Regierung und in jeder größeren Organisation. In dieser spezifischen Gruppe kamen wir auf den „horizontalen Fluss von Macht" als alternatives Bild. Das würde organisatorisch, politisch und auch technologisch zu anderen Ausprägungen nicht nur im öffentlichen Sektor führen als unsere Diskussionen zu Beginn der Übung. Das war eine faszinierende Wendung, die durch die gewählte Methode möglich wurde.

Hinterfragen, interpretieren, handeln

Die Methode, die ich in Dubai anwenden konnte, ist die kausale Mehrebenenanalyse. Englisch „Causal Layered Analysis" oder kurz CLA. Sie wurde in den 1990er Jahren vom pakistanischen Zukunftsforscher Sohail Inayatullah auf Basis seiner Studien an der Universität von Hawaii entwickelt. Damit ist sie eine der jüngeren Methoden und eine, die nicht zuerst die Bedürfnisse des amerikanischen Militärs abbildete. Zuvor wurden die Delphi-Methode und die Szenariomethode in den 1950er Jahren von der RAND Corporation (engl. Research AND Development) entwickelt, die nach Ende des Zweiten Weltkriegs gegründet wurde, um die Streitkräfte der USA im kalten Krieg zu beraten.

Als Student an der Universität von Hawaii bekam Inayatullah die Spannungen zwischen verschiedenen Ansätzen innerhalb des Fachbereichs Politik mit, die er als wenig fruchtbar empfand: Die Empiriker legten besonders großen Wert auf Daten und Fakten. Sie wollen die Politik so wissenschaftlich wie möglich analysieren. Dem gegenüber standen die Vertreter der kritischen Theorie. Sie hinterfragen alles: Den Untersuchungsgegenstand, die Forschungsfrage oder die Machtstrukturen dahinter. Dazwischen sah er den interpretierenden Ansatz, der auf Konversationen, geteilten Sinn und Bedeutungen abzielt. Zudem war die Aktionsforschung („action research") präsent, in der Forscher und Betroffene eng zusammenarbeiten. Inayatullah fragte sich, warum diese Ansätze nicht miteinander verknüpft werden. Nach und nach stellte er diese Verknüpfungen her. Die kausale Mehrebenenanalyse entstand. Beeinflusst haben ihn auch die Arbeiten des norwegischen Konflikforschers Johan Galtung, des französischen Philosophen Michel Foucault, des indischen Philosophen Prabhat Ranjan Sarkar und der Komplexitätsforschung.

In meiner Studie „Zukunftsforschung für Staaten" hatte ich 2009 eine kurze Zusammenfassung der Methode auf Deutsch erstellt. Ich hatte sie innerhalb der zehn damals vorgestellten Methoden als besonders anspruchsvoll und aufwändig eingeordnet, gleichzeitig auch als ein für komplexe, langfristige Themen besonders passendes Vorgehen. In meinen Projekten habe ich seitdem bewusst oder unbewusst versucht, so viele Ebenen wie möglich zu kombinieren und so tief wie möglich zu bohren. Als gelernter Empiriker halte ich Daten und Indikatoren nach wie vor für wichtig. Diese werden immer interpretiert und idealerweise wird eine Verbindung zum Dialog und zu gemeinschaftlich geteilten Vorstellungen von wünschenswerten Zukünften hergestellt. Das kann nur gemeinsam mit den Betroffenen gelingen. Entlang des Weges sollte Raum sein, um kritische Fragen zu stellen, ohne das gesamte Projekt zu beerdigen und nicht mehr handlungsfähig zu sein. Meine bevorzugte Reihenfolge ist: Dialog, Visionen, Indikatoren, Handlungen – die immer untereinander abgeglichen werden sollten.

Die Methode der kausalen Mehrebenenanalyse hat eine klare Struktur:

Ebene 1: Die Litanei. Hier werden zum jeweiligen Thema die quantitativen Trends oder auch Fakten besprochen, die Probleme beschrieben, Ereignisse aufgegriffen und Schlagzeilen in der Presse diskutiert. Es wird alles gesammelt, was an der Oberfläche sichtbar ist. Dafür braucht es relativ wenig analytische Fähigkeiten der Teilnehmenden und wenig Erfahrung der Prozessbegleitung. Es fühlt sich leicht an. Das Problem ist da, es scheint klar umrissen zu sein. Gleichzeitig scheint es kaum Lösungsmöglichkeiten zu geben oder man verweist auf „die“ Politik oder „die“ Wirtschaft. Lösungsvorschläge befassen sich lediglich mit den hier sichtbar gewordenen Symptomen. Wem das zu oberflächlich ist, der ist bereit für die zweite Ebene.

Ebene 2: Das System. Nun wird nachgefragt, welche kulturellen, historischen, wirtschaftlichen und politischen Faktoren das beschriebene Problem entstehen ließen. Die verschiedenen Akteure und ihre Entscheidungen stehen im Mittelpunkt. Daten, Fakten und Beobachtungen aus der Litanei werden miteinander verbunden und interpretiert. Ursachen und Wirkungen werden beschrieben. Hier braucht es fachliche Expertise und eine Prozessbegleitung, die den Überblick über all die Zusammenhänge behält. Lösungsvorschläge fokussieren in der Regel auf gemeinsames Handeln mehrerer Akteure, um das System grundlegend zu verändern. Tiefer hinterfragt wird auf dieser Ebene noch nicht. Zusammen mit der Litanei aus Ebene 1 ist die Grundlage für die nächste Ebene gelegt.

Ebene 3: Die Weltsichten. Jetzt wird den tieferen sozialen, sprachlichen und kulturellen Mustern nachgegangen, die auf alle Akteure wirken. Die Annahmen hinter den Strukturen werden sichtbar gemacht und alternative Annahmen in den Ring geworfen. Die verschiedenen Diskurse zum Thema und ihre relativen Rollen werden sichtbar gemacht: wirtschaftliche, politische oder religiöse. Sie stellen den Rahmen dar, in dem das System und die Litanei entstanden sind. Das ist für manche Teilnehmende ungewohntes Terrain, welches nicht in den Abendnachrichten ausgeleuchtet wird. Sie werden hier eingeladen, sich auf die neuen Fragen und Einblicke einzulassen. Die Prozessbegleitung braucht einiges an Fingerspitzengefühl, um nun die passenden Fragen zu stellen, die nicht überfordern.

Ebene 4: Die Metapher. Nach der Analyse der Weltsichten geht es auf der vierten Ebene um die Emotionen, die das Thema bestimmen und die in den anderen Ebenen zu kurz kamen. Man befasst sich mit Bildern, Mythen und Metaphern, die eher das Herz berühren als den Verstand. Jetzt geht man dem Thema wirklich auf den Grund. Es geht zum Beispiel um Identitäten, Kontrollmöglichkeiten, Natur, Zeit, Leben oder Tod. Würfelt Gott? Sind wir unseres Glückes Schmied? Ist die Zukunft eine Aneinanderreihung von bewussten Entscheidungen, oder eher ein reißender Fluss, oder ein Baum mit Wurzeln und vielen Trieben? Und wie ändert sich unser Blick auf das Thema, wenn wir eine andere Metapher als Grundlage nehmen, wenn wir uns mit dieser wieder zu den anderen Ebenen hocharbeiten?

Diese Zukünftemethode kann zu verschiedenen Themen eingesetzt werden. Ein Beispiel ist das Thema „Bevölkerungsexplosion". In der Litanei werden Bevölkerungsprognosen diskutiert und möglicherweise all die Probleme, die durch mehr Menschen auf dem Planeten verursacht werden. Die Systemanalyse sucht dann nach den Gründen für das Problem und nach den Zusammenhängen. Welche Rolle spielen der technologische Fortschritt, die eventuell nicht vorhandene Sozialversicherung, das Bildungsniveau, welche Verhütungsmittel stehen zur Verfügung? Welche Lösungen wurden von wem vorgeschlagen und wo ausprobiert?

In der dritten Ebene geht es dann um die verschiedenen Weltsichten auf das Thema: Welche Rolle spielen Frauen in Familie und Gesellschaft? Welche Interessen hat die Wirtschaft? Braucht man viele junge Menschen als Soldaten gegen einen bedrohlichen Nachbarstaat? Oder geht es biblisch darum, fruchtbar zu sein und sich zu mehren? Das sollte alles sichtbar gemacht werden. Erst dann kann man sich im nächsten Schritt der tiefen gesellschaftlichen Erzählung oder den Metaphern bewusst werden, die dahinter liegen. Und man kann einer anderen Erzählung nachgehen. Vielleicht sind viele Menschen ja nicht wirklich ein Problem, sondern eine Quelle von Kreativität für die Zukunft? Welche Weltsichten würden diese Metapher stützen, welches System wäre dafür nötig, welche Schlagzeilen gäbe es dann?

Die Mehrebenenanalyse kann mit anderen Zukunftsmethoden kombiniert werden. Aus unterschiedlichen Metaphern lassen sich unterschiedliche Szenarien entwickeln. Es kann eine wünschenswerte Zukunft, eine Vision, ausgewählt und vertiefend bearbeitet werden. Oder man kann von außen eine ganz andere, irritierende Erzählung einbringen, die zu noch tieferem Nachdenken anregt.

Eine Ebene tiefer eintauchen

Vermutlich werden Sie nicht gleich nächste Woche selbst eine komplette kausale Mehrebenenanalyse moderieren oder mitmachen.

Sie können aber bei vielen Gelegenheiten mit der Struktur von Inayatullah arbeiten. Sie können Daten und Schlagzeilen als die oberflächlich sichtbaren Teile von größeren Zusammenhängen erkennen. Egal was das Thema auch sein mag. Sie können nach den Strukturen und Akteuren dahinter fragen. Sie können dann den eigenen Weltsichten zu diesem Thema nachgehen und denen anderer. Schließlich können Sie versuchen, den tief verwurzelten Mythen und Metaphern nachzuspüren und möglichen Alternativen dazu. Kurz, Sie könnten in Zukünften denken und arbeiten.

Von Sohail Inayatullah gibt es eine große Zahl von Artikeln, in denen er die kausale Mehrebenenanalyse erklärt und mit vielen Anwendungsbeispielen illustriert. Zum Beispiel aus dem Jahr 2004 sein „Causal Layered Analysis: Theory, historical context, and case studies" in seinem Reader oder aus dem Jahr 2008 „Six pillars: futures thinking for transformation" in der Zeitschrift foresight. Zudem bietet er einen Onlinekurs „Become a Futurist" an.

12 Neues aus dem Zukünftelabor

März 2009 im alten Literaturhaus in Frankfurt am Main. Wir feiern die Eröffnung der Denkfabrik „Zentrum für gesellschaftlichen Fortschritt". Einer der Redner ist extra aus Paris angereist: Riel Miller, ein Zukünfteforscher, der seit Jahrzehnten rund um den Globus mit den verschiedensten Methoden für große Organisationen und Staaten arbeitet. Er kennt das weltweite Netzwerk von Zukünfteforschern wie kaum ein anderer und hat in mehreren wissenschaftlichen Zeitschriften veröffentlicht. Der gebürtige Kanadier weist in seinem Vortrag darauf hin, dass auch die beste Planung der Komplexität unserer Gesellschaften nicht mehr gewachsen ist. Stattdessen gilt es, Entwicklungen zu antizipieren und althergebrachte Lösungsroutinen kritisch zu hinterfragen, um frische Handlungsperspektiven zu eröffnen. Kurz: Es gilt die kollektive Kapazität zur Antizipation zukünftiger Entwicklungen zu erhöhen.

Damals war Riel Miller nach einigen Jahren bei der OECD, der Organisation für wirtschaftliche Zusammenarbeit und Entwicklung, als selbständiger Forscher aktiv. Drei Jahre später wurde er zum Leiter der Zukünfteforschung in der UNESCO berufen, der Organisation der Vereinten Nationen für Bildung, Wissenschaft und Kultur, wohlbekannt für ihre Aktivitäten zum Weltkulturerbe. Dort begann er – wieder weltweit und multidisziplinär vernetzt – die Theorie und Praxis der Zukünftebildung zu entwickeln, also der Fähigkeit mit den verschiedenen Zugängen zur Zukunft kompetent umzugehen. Auf diesem Weg konnte ich ihn immer wieder begleiten und am Buch „Transforming the Future – Anticipation in the 21st Century“ an mehreren Stellen mitwirken. Der dortige Analyserahmen dient auch als roter Faden für dieses Buch.

Annahmen sichtbar machen

Das wichtigste Werkzeug der Zukünftebildung sind die Zukünftelabore. Sie sind gleichzeitig Ausbildungsort, an dem die Zukünftebildung gestärkt wird, und Forschungseinrichtung, in der wichtige Einblicke über die Zukunft sichtbar gemacht werden. Zukünftelabore werden immer passend zum jeweiligen Thema, zu den Teilnehmenden, zu den verfügbaren Ressourcen gestaltet. Oft folgen sie einem Ablauf in vier Phasen: Aufdecken, Experimentieren, Abgleichen und Handeln (im Original: Reveal, Reframe, Rethink, Redo).

In der ersten Phase werden leicht zugängliche Annahmen der Teilnehmenden über die Zukunft aufgedeckt und sichtbar gemacht. Im Labor wird zunächst dazu eingeladen, sich die wahrscheinliche zukünftige Situation des jeweiligen Themas vorzustellen. Wie werden zum Beispiel Presse und Journalismus im Jahr 2040 aussehen? Zunächst schreiben die Teilnehmenden jeder für sich auf, was sie dann erwarten, was sie aus Sicht des Jahres 2040 sehen und erleben. Dann werden diese Elemente in kleinen Gruppen diskutiert, sortiert und vertieft. Wovon ist besonders viel die Rede, wo sind vielleicht weiße Flecken? Schließlich stellen die Gruppen ihre Sicht der wahrscheinlichen Zukunft den anderen Gruppen vor. In den Diskussionen werden wichtige Grundlagen für eine höhere Kompetenz im Umgang mit der Zukunft erlebbar gemacht.

Oftmals erkennen die Teilnehmenden, wie schwierig die Prognose ist. Sie werden sich der Unsicherheiten und der komplexen Zusammenhänge im Themenfeld bewusst. Manchmal wird schon hier klar, wie schwer eine Unterscheidung von wahrscheinlicher und wünschenswerter Zukunft ist. Halte ich diese künftige Entwicklung für wahrscheinlich, weil ich sie gerne hätte? Oder habe ich wirklich belastbare Belege dafür, dass es so kommen wird? Welchen Trend schreibe ich fort? In der Regel sehen die Teilnehmenden auch, wie stark ihre Zukunftsvorstellungen von menschengemachten Erzählungen, Routinen und

Konventionen geprägt sind – oder auch von Hollywood. So decken sie ihre eigenen Annahmen über die Zukunft auf und bekommen einen ersten Eindruck davon, dass es unterschiedliche Annahmen, unterschiedliche wahrscheinliche Zukünfte geben kann. Nicht immer werden alle diese Punkte ausdiskutiert. In dieser ersten Phase geht es vor allem um einen leichten Einstieg ins Thema und den Aufbau von Vertrauen zwischen den Teilnehmenden.

Nach der wahrscheinlichen künftigen Entwicklung werden dann die wünschenswerten Zukünfte in den Blick genommen. Wieder aus Sicht eines späteren Zeitpunkts, wieder zunächst in Einzelarbeit, damit alle Ideen im Raum eine Chance auf Sichtbarkeit bekommen, und erst später im Plenum. An dieser Stelle bietet sich eine Vertiefung durch eine Eisberganalyse an, wie sie im vorhergehenden Kapitel beschrieben wurde. Die Teilnehmenden werden zunächst eingeladen, Schlagzeilen, Verhalten und Gegenstände aus der wünschenswerten Zukunft zu nennen, die Litanei.

In der Gruppendiskussion zeigt sich dann, ob eine für alle Teilnehmenden gleichermaßen wünschenswerte Zukunftssituation sichtbar wird oder ob widersprüchliche Werte, Präferenzen und Annahmen zum Vorschein kommen. Von dort aus kann man sich zu den systemischen Ursachen, den Weltsichten und den Metaphern dieser Zukunft vorarbeiten. So werden weitere Annahmen sichtbar. Das Verständnis für das Thema und für die anderen Teilnehmenden wird weiter gestärkt. Wahrscheinliche und wünschenswerte Zukünfte sichtbar zu machen ist oft auch Teil anderer wichtiger Zukunftsmethoden wie der Trendanalyse, des Visionierens oder der Zukunftssuche. Das ist wichtig, hilfreich und bringt schon einige neue Einblicke. In den Zukünftelaboren ist das nur die erste von vier Phasen.

Mit einem anderen Rahmen experimentieren

Die nächste Phase rahmt die Diskussion des Themas ganz anders. Damit wird die große Offenheit der Zukunft berücksichtigt und die Teilnehmenden zu noch offenerem Denken eingeladen. In dieser zweiten Phase eines Zukünftelabors werden die Teilnehmenden mit einer Zukunft konfrontiert, die weder wahrscheinlich noch wünschenswert sein muss. Sie ist anders, ungewohnt, irritierend. Dieses Experiment soll die Kreativität anregen, den Möglichkeitenraum erweitern, die Vorstellungskraft stärken und Innovation ermöglichen. Durch den anderen Rahmen wird ein anderer Blick auf das Thema ermöglicht. Alternativ kann man an einen Fotoapparat mit unterschiedlichen Filtern denken: Je nachdem welcher Filter vor der Linse liegt, sieht das Bild anders aus.

Es gibt verschiedene Möglichkeiten, um diese alternative Zukunft zu konstruieren. Die Prozessbegleitung kann schon vorab eine Zukunft entwickeln, auf die die Teilnehmenden vermutlich nicht von alleine kommen würden. Sie kann zum Beispiel eine Schwarmgesellschaft beschreiben, in der viele kleine Akteure im flexiblen Austausch miteinander stehen, ohne zentrale Steuerung. Oder sie könnte mit Fokus auf das konkrete Thema des Labors eine starke Annahme zu einem Zukunftsbild ausbauen: Zum Beispiel eine Forschungszukunft, in der alle Ergebnisse frei verfügbar sind. Oder eine Zukunft der Wirtschaft, die ohne internationale Investitionen auskommt.

Ein anderer möglicher Weg in dieser zweiten Phase wäre es, dass die Prozessbegleitung oder auch die Teilnehmenden selbst mit den Annahmen arbeiten, die in der ersten Phase sichtbar wurden. Sie könnten wichtige Annahmen wegnehmen, neue einfügen oder das Vorzeichen verändern. Haben die Teilnehmenden wenig über Technologie gesprochen, so wird nun möglicherweise eine bahnbrechende Erfindung eingefügt. Oder die Annahme einer weiteren Globalisierung kann durch den Rückgang derselben ersetzt werden.

Eine dritte Möglichkeit sind spielerische Elemente, wie zum Beispiel mit dem „Ding aus der Zukunft“ (Kapitel 14), wo teils absurd anmutende Dinge erdacht werden. In jedem Fall sollte das gewählte Vorgehen zu den Teilnehmenden passen: Sie sollen gefordert werden, aber nicht überfordert.

In dieser neuen, irritierenden Zukunft vertiefen die Teilnehmenden ihr Thema. Das kann durch eine Diskussion passieren, in der weitere Aspekte dieser Zukunft beschrieben werden, das tägliche Leben beleuchtet wird, weiße Flecken gefüllt werden. Sie können auch den Weg beschreiben, der in diese Zukunft geführt hat: Welche Entscheidungen wurden von wem getroffen, welche äußeren Einflüsse wurden wichtig? Oder die Teilnehmenden bauen eine Skulptur ihres Themas in dieser neuen Zukunft und diskutieren diese. Durch die Verbindung handwerklicher Arbeit mit der Diskussion kann man zu noch tieferen Einblicken kommen. Oder man stellt die Zukunft in einem Rollenspiel dar: Welche Rollen führen welche Aufgaben aus? Wie hängen sie zusammen?

Diese zweite Phase ist nicht einfach, aber theoretisch fundiert und in der Praxis weltweit erprobt. Sie leitet die Teilnehmenden auf ungewohntes Terrain, zu ungewohnten Gedanken, und ist in der Zukünfteforschung eher ungewöhnlich. In Szenarioprozessen wird ebenfalls mit unterschiedlichen Zukünften gearbeitet. Diese sind jedoch von den Teilnehmenden selbst auf Basis der von ihnen wahrgenommenen Unsicherheiten erstellt worden. In den Zukünftelaboren kommt der Impuls oft von außen, was ein Mehr an Irritation und damit an Kreativität erlaubt.

Neue Fragen entstehen

Die dritte Phase des Abgleichens (rethink) ist dann wieder etwas einfacher. Die Teilnehmenden vergleichen die Ergebnisse der ersten beiden Phasen und formulieren neue Fragen, die dadurch in der Gegenwart entstehen. Sie werden eingeladen, sich auf die Aspekte zu konzentrieren, die bei ihnen besonders Unwohlsein ausgelöst hatten oder die besonders unklar sind. Und auf Fragen, deren Formulierung ihnen eher schwerfällt, wo ihnen Begriffe fehlen. Dann ist die Wahrscheinlichkeit höher, dass es sich um wirklich neue Fragen handelt. Wenn alle anderen Beteiligten genau verstehen, was mit der Frage gemeint ist, dann ist sie möglicherweise nicht neu. Auch hier wird die kollektive Intelligenz der Teilnehmenden sichtbar gemacht, indem zunächst jeder für sich Ideen sammelt und dann in kleineren Gruppen diskutiert, verfeinert und umformuliert wird.

Zum Abschluss dieser Phase wird im Plenum nach den Mustern gesucht, die sich aus der Gesamtschau der Fragen ergeben. Und es wird auf schwache Signale in den Fragen hingewiesen, die vielleicht nur eine Person gestellt hat. Den Mustern und den schwachen Signalen kann man dann vertiefend nachgehen. Welche Fragen stecken dort vielleicht noch drin? Wie wichtig gute Fragen für den kompetenten Umgang mit den offenen Zukünften sind, war eingangs in Kapitel 2 beschrieben worden.

In der vierten Phase, dem Handeln, können aus diesen Fragen konkrete Projekte für die Gegenwart abgeleitet werden. Wer kann auf welchem Weg zur Beantwortung der Fragen beitragen? Wer könnte wie aktiv werden? Was kann die Politik beitragen? In dieser Phase können zum Beispiel in Einzel- und Gruppenarbeit Projekte entwickelt und konkretisiert werden, die dann im Plenum zur Bewertung vorgestellt werden.

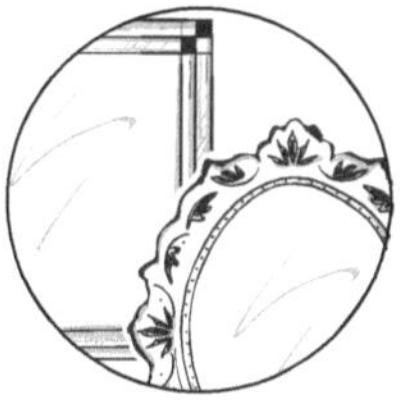

Die Offenheit der Zukunft annehmen

Meine Einladung an Sie ist es, sich der Offenheit der Zukunft bewusst zu sein und diese als Geschenk anzunehmen.

Im konkreten eigenen Umgang mit der Zukunft kann es hilfreich sein, sich alternative, irritierende Zukünfte des jeweiligen Themas vorzustellen. Im Frühjahr 2020 erfuhren wir alle, was passiert, wenn Annahmen plötzlich nicht wie erwartet eintreffen. Das war wie ein großes Experiment in einem riesigen Zukünftelabor. Ein vielfältiger Umgang mit der Zukunft – eine hohe Zukünftebildung – ist eine große Chance für die nächsten Jahre und Jahrzehnte. Natürlich können Sie auch eigene Zukünftelabore aus- oder einrichten, so wie es Dutzende Organisationen rund um den Globus in den vergangenen Jahren gemacht haben.

Zur Lektüre empfehle ich das bereits erwähnte UNESCO-Buch „Transforming the Future – Anticipation in the 21st Century“ und darin speziell das erste und das vierte Kapitel, in dem es um die konkrete Ausgestaltung der Labore geht. Für das fünfte Kapitel habe ich vierzehn Darstellungen von Fallbeispielen editiert. Das Buch ist online über die UNESCO frei zugänglich.

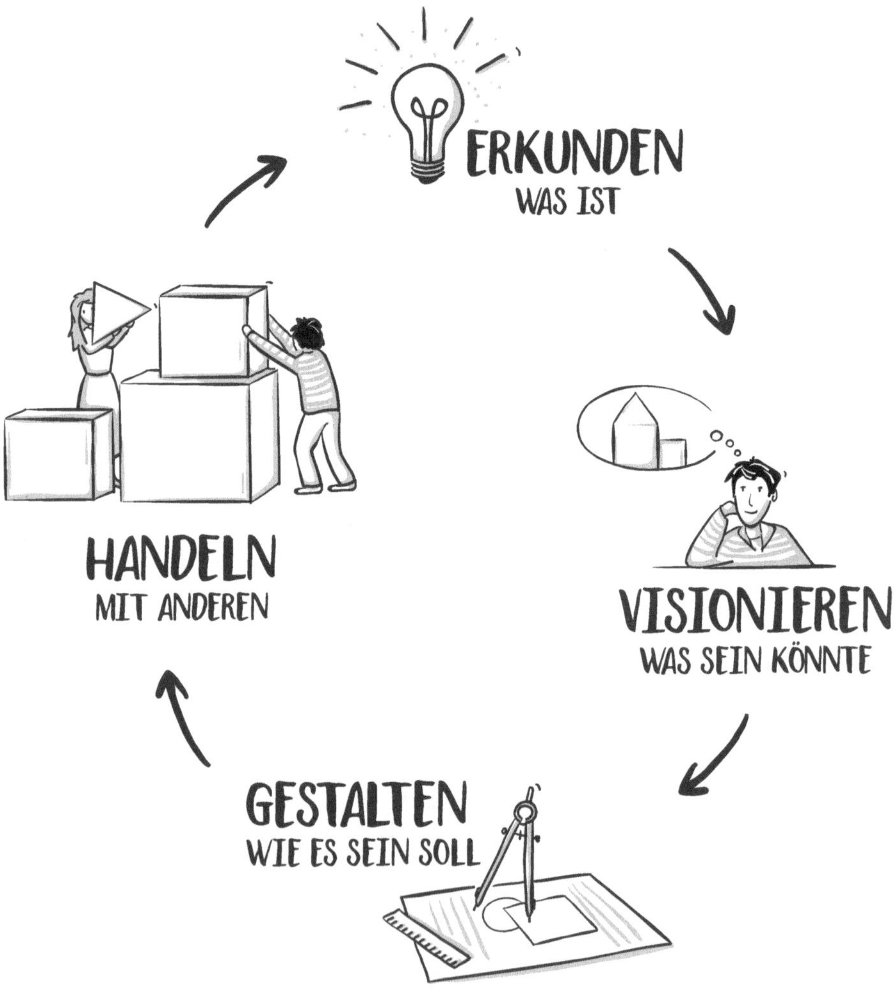
ERKUNDEN
WAS IST
VISIONIEREN
WAS SEIN KÖNNTE
GESTALTEN
WIE ES SEIN SOLL
HANDELN
MIT ANDEREN

13 Wertschätzend erkunden

Besuch von einer Stiftung: „Herr Bergheim, hätten Sie Interesse daran, eine Gruppe von jüngeren Fachleuten zusammenzustellen und gemeinsam eine Studie über die Zukunft der Sozialen Marktwirtschaft zu schreiben?" Ein spannendes, hochrelevantes Thema. Aber noch eine Studie von Fachleuten? Wer würde die lesen? Welche Wirkung würde sie entfalten? Das waren die Fragen, die mich in dem Moment beschäftigten. Die eigentliche Frage dahinter: Wie ließe sich ein Prozess um eine Studie herum so gestalten, dass möglichst viele Perspektiven einbezogen werden, Neues entstehen kann und die Ergebnisse auch noch Wirkung entfalten? Welche Methoden könnten eingesetzt werden, wenn man sich mit der Zukunft der Sozialen Marktwirtschaft beschäftigt? Meine Vorstellungen skizzierte ich dem Verantwortlichen der Stiftung, der willigte kurz darauf ein – wofür ich bis heute dankbar bin – und der Prozess „Zukunftsmodell Soziale Marktwirtschaft" entstand.

Akteure von Anfang an einbinden

Die erste Veränderung gegenüber dem ursprünglich geplanten Vorgehen war es, eine erfahrene Prozessbegleiterin einzubinden. Prozessbegleitung ist weit mehr als die Moderation von Veranstaltungen, Redner vorzustellen und Fragen aus dem Publikum zu sammeln. Vielmehr ist es ihr Ziel, eine Gruppe dabei zu unterstützen, ihr volles Potenzial zu entfalten und erfolgreich im Team zu arbeiten. Nina Nisar brachte ihr Wissen aus dem globalen Netzwerk „Art of Hosting“ mit. Art of Hosting ist „die Kunst, gute Gespräche zu ermöglichen und dies als Führungsinstrument einzusetzen. Sie bezieht den einzelnen Menschen sowie das System ein, baut auf persönliche Erfahrung, Dialog, Moderation und kreiert gemeinsam innovative Lösungen für komplexe Herausforderungen.“ Dort nutzt man explizit die Einblicke aus der Komplexitätstheorie und Methoden wie den Kreis, das World Café, Open Space oder die wertschätzende Erkundung. Letztere wird in diesem Kapitel im Kontext eines konkreten Prozesses vorgestellt. Die zweite Veränderung ergab sich aus der Frage, wer am Ende etwas mit den Ergebnissen unserer Arbeit machen würde: Wer sind die Nutzer? Von wem erhoffen wir uns entsprechendes Handeln? Lassen sich diese Nutzer in die Entstehung der Ergebnisse einbeziehen? Da es vermutlich viel um gesetzliche Rahmenbedingungen für die Wirtschaft der Zukunft gehen würde, fiel der Blick auf Mitglieder des Bundestages und Beamte in Bundesministerien.

Wie ursprünglich geplant gab es auch eine Kerngruppe von Fachleuten unterschiedlicher Disziplinen. Leider bekamen wir von allen angefragten Frauen Absagen, sodass zwei Volkswirte, zwei Juristen und ein Kulturwissenschaftler diese Gruppe bildeten. Ihnen zur Seite gestellt wurde eine Gruppe von Fachleuten mit praktischen Erfahrungen im Arbeitsmarkt, in einer Kommune, in Unternehmen und in der sozialen Fürsorge. Diese unterschiedlichen Personen mit ihren spezifischen Erfahrungen und Hintergründen in einem Prozess innerhalb eines Jahres zusammenzubringen stellte sich als ausgesprochen fruchtbar heraus. Ganz einfach war es nicht: Wir konnten nicht alle genannten Personen für zwei Tage in einen Raum bringen – so schön das gewesen wäre. Vor allem für die vielbeschäftigten Mitglieder des Deutschen Bundestages brauchte es einfachere und kürzere Engagements. Und zwei Tage wären ohnehin zu kurz gewesen, um den entstehenden Ideen und Verbindungen nachzugehen.

Daher beschlossen wir die verschiedenen Stränge des Projekts nebeneinander anzugehen und zu mehreren Gelegenheiten zu verknüpfen. Zentral gesteuert wurde alles von einem kleinen Team plus der Prozessbegleiterin in Abstimmung mit der Stiftung. Für vertiefende Forschungsarbeiten wurde eine Forscherin eingebunden, für die Vorbereitung und Auswertung der Interviews ein weiterer Methodenexperte, für die Moderation der Veranstaltungen ein weiterer Prozessbegleiter, für die Illustration der Studien eine Trendsketcherin. Ein vielfältiges Team, in dem kleine Beiträge innovative Gesamtergebnisse ermöglichten.

Was läuft heute schon gut?

In den meisten Fällen beginnen Projekte in Deutschland und anderswo mit einem Problem. Irgendetwas hat in der Vergangenheit nicht richtig funktioniert. Das Problem muss analysiert und dann gelöst werden. Oft genug bleibt offen, wer hier nach welchen Kriterien entschieden hat, dass etwas nicht richtig funktioniert. Viel Freude macht eine Problemanalyse ohnehin meistens nicht, weil sie in der Ausgangssituation grundsätzlich negativ belegt ist. Zukunftsorientierung ist schwierig, da Probleme der Vergangenheit gelöst werden sollen.

Warum also nicht mit einem positiven Ansatz beginnen: Was läuft heute schon gut? Was könnte morgen noch besser laufen? Wer müsste was tun, damit mehr von dem passiert, was gut ist? Die Methode, die das leisten kann, ist die „wertschätzende Erkundung“, englisch „Appreciative Inquiry“, die in den 1980er Jahren in den USA entwickelt wurde. Im Mittelpunkt steht der Blick auf vorhandene Stärken und Potenziale. Auf dem Weg wird auch sichtbar gemacht, wer was aus welchen Gründen „gut“ findet. Gleichzeitig bleibt Raum, um über die weniger erfreulichen Themen zu sprechen. Diese kommen früher oder später ohnehin auf, dominieren mit diesem Ansatz aber nicht den generellen Ton der Untersuchung. Cooperrider und Whitney haben diese Methode im Buch „Appreciative Inquiry – A Positive Revolution in Change“ dargestellt und an vielen Orten rund um den Globus eingesetzt. So sind sie dem positiven Kern von Organisationen und Systemen auf der Spur. Dieser wird sichtbar gemacht, gedreht, gewendet, hinterfragt und weiterentwickelt. Man beginnt mit dem, was da ist, und baut nicht losgelöste Idealwelten.

Diese Methode ist, wie beschrieben, eine Kernmethode des Netzwerks „Art of Hosting“. Ich verwende sie in fast jedem meiner Projekte und sehe sie als Teil der positiven Welle der letzten Jahrzehnte, zu der auch die positive Psychologie gehört. Zwei Annahmen stehen hinter der wertschätzenden Erkundung. Erstens hat jeder Mensch, jedes Team und jede Organisation ein großes Potential, das manchmal schon aufblitzt. Zweitens entwickeln sich Organisationen in die Richtung dessen, worauf sie ihre Aufmerksamkeit richten und was sie untersuchen. Anders ausgedrückt: Die Bilder, die sie von der Zukunft haben, bestimmen ihr heutiges Denken und Handeln. Das entspricht der Theorie antizipatorischer Systeme.

Die Methode setzt sich aus vier Grundphasen zusammen, die sich im Englischen schön mit vier Ds benennen lassen:

1. Discovery (Erkunden, Entdecken):
Zunächst werden erfolgreiche Momente und positive Aspekte der jeweiligen Thematik herausgearbeitet. Im Mittelpunkt steht die Frage danach, wann etwas besonders gut funktioniert hat. Idealerweise werden alle Personen oder Gruppen befragt, die einen Bezug zum Thema haben. Es werden offene Interviews entlang von allgemeinen Leitfragen geführt, also keine Ja-Nein-Antworten und kein Auswählen aus vorher festgelegten Listen.

2. Dream (Visionieren):
Dann richtet sich der Blick nach vorne. Die Befragten werden eingeladen, ihre Vorstellungen gelingender Zukünfte zu teilen. Welche Zukunft würden sie sich wünschen?

3. Design (Gestalten):
Im dritten Schritt werden die zuvor sichtbar gemachten Zukünfte der einzelnen Befragten wie in einem Mosaik zu einem großen Bild der vielfältigen Zukunft zusammengesetzt.

4. Destiny/Delivery (Umsetzen/Verwirklichen):
Nun geht es in Richtung Handeln, um die Vision zu realisieren. Es wird verbindlich festgelegt, wer sich wo auf welche Weise engagiert. Schon die Beschriftung der Phasen deutet darauf hin, dass die Übergänge fließend sind, speziell zwischen dem

allgemeineren Dream und dem konkreter werdenden Design. Oft werden die ersten beiden Phasen von vielen Interviewern mit noch mehr Interviewpartnern durchgeführt. Für die dritte und vierte Phase kommen dann die Interviewer zusammen und machen sichtbar, was sie erfahren haben.

Im Prozess zur Zukunft der Sozialen Marktwirtschaft bekamen die Befragten zum Beispiel die Möglichkeit, sich dem Thema als Kritiker, Realist oder Visionär zu nähern (Walt Disney Methode). Die Ergebnisse der Interviews wurden dann von den Interviewern zusammengefasst, den Kernexperten zur Vertiefung ihrer Diskussion vorgestellt, den Interviewpartnern in Berlin präsentiert und am Ende des Prozesses veröffentlicht.

Die Methode der wertschätzenden Erkundung hat einige Verbindungen zu anderen Methoden des Umgangs mit der offenen Zukunft. Auch hier werden Annahmen sichtbar gemacht, ähnlich wie in der ersten Phase eines Zukünftelabors oder im Dialog. Auch hier wird betont, dass unsere Bilder von Zukunft einen großen Einfluss auf unser heutiges Handeln haben. Der Schritt, den die wertschätzende Erkundung nicht macht, ist die Auseinandersetzung mit einer alternativen Zukunft, das Experimentieren im Zukünftelabor. Dies ließe sich leicht als fünfter Schritt vor der Umsetzung einfügen. Disrupt (Irritation) könnte die Kreativität der Teilnehmenden anregen und neue Ideen entstehen lassen.

Neue Denkanstöße

Zu Beginn eines größeren Zukunftsprozesses lernen sich die wichtigsten Akteure zunächst kennen, machen ihre jeweiligen Erfahrungen und Tätigkeiten sichtbar. Das inhaltliche Feld wird gesichtet, man lernt über weitere Akteure, studiert Quellen. Das braucht Zeit, die hier zum Glück vorhanden war. Zwei Forscherinnen verfassten Hintergrundpapiere zur historischen Perspektive aus der Entstehungszeit der Sozialen Marktwirtschaft und zum internationalen Vergleich von Gesellschaftsmodellen, was später sehr hilfreich war, um neue Ideen entstehen zu lassen.

Auf dem zweiten Treffen der Kerngruppe wurden erste Ergebnisse der Interviews und der Hintergrundpapiere vorgestellt. Jetzt merkte man, wie die Ideen hin und her sprangen, wie die Teilnehmenden zu neuen Fragen und tieferen Einblicken inspiriert wurden. Ein weiterer Ort für die Emergenz neuer Zusammenhänge war die Auswertung der Interviews mit den Autorinnen der Hintergrundpapiere. Hier wurde hinterfragt und verbunden. Schwerpunkte und weiße Flecken wurden sichtbar. Ergebnis dieser Treffen und weiterer Hintergrundrecherche waren zehn Denkanstöße für die Soziale Marktwirtschaft. Hier ging es unter anderem darum, wie gesellschaftliche Ziele klarer formuliert werden können, welche Auswirkungen die Auflösung klassischer Familienstrukturen hat, wie zeitgemäße Kommunikation in flacheren Strukturen möglich sein kann und dass Spezialisierung nicht ohne Zusammenarbeit gehen kann.

Wann ist eine Idee neu?

Die erste große Erfahrung aus diesem Prozess zur Sozialen Marktwirtschaft ist, dass sich nicht viele Menschen Zeit für ungewohnte Zukunftsprozesse mit offenem Ausgang nehmen. Das ist systemtheoretisch völlig verständlich. Schließlich fragen sich alle potentiellen Teilnehmenden, ob ihnen das Projekt hilft die Aufgaben in ihrer beruflichen Rolle zu erfüllen. Ergibt sich die Gelegenheit für ein wissenschaftliches Forschungspapier? Wenigstens für einen Vortrag auf einer Konferenz? Kann ich die Interessen meines Arbeitgebers sichtbar machen? Sollte sich daraus kein hinreichender Grund für eine berufliche Teilnahme ergeben, so könnte noch privates oder gesellschaftliches Interesse eine Rolle spielen: Wird mir die Teilnahme Freude machen? Kann ich damit einen gesellschaftlichen Beitrag leisten? Kann ich diese Freizeitaktivität vor dem Hintergrund von familiären Verpflichtungen rechtfertigen?

Zweitens zeigt sich, dass viele von Innovation sprechen, der Umgang damit aber immer schwierig ist. Ist etwas wirklich neu, dann kann unmöglich allen Beteiligten klar sein, worum es geht, was die Begriffe genau bedeuten und wie die Zusammenhänge sind. Wäre das alles klar, dann kann die Idee nicht neu sein.

Es braucht immer Zeit, bis sich Gesellschaften auf ein gemeinschaftlich geteiltes Verständnis eines neuen Themas einigen – oder die Gegensätze klar ausformuliert sind. Daher sollte im Design jedes Zukunftsprozesses am Anfang die Frage thematisiert werden, wie man mit neuen Fragen, Themen, Begriffen und Zusammenhängen umgehen möchte. Können sie als Denkanstöße dienen, auch wenn sie nicht von allen Seiten akzeptiert werden? Sollten sie besser zuerst intern für weitere Arbeiten genutzt werden?

Gehen Sie auf Erkundung

Nicht jeder Zukunftsprozess kann so viele unterschiedliche Akteure in so vielen verschiedenen Formaten zusammenbringen. Aber man kann sich immer fragen, ob es einen Weg gibt, um andere Perspektiven einzubeziehen. Vermutlich kann man auch nicht überall und komplett von der Problemorientierung zur wertschätzenden Erkundung wechseln. Man kann jedoch einzelne Elemente dieses Vorgehens nutzen und deren Bedeutung nach und nach steigern. Sie können versuchen, in eigenen Arbeiten so weit wie möglich die Offenheit der Zukunft und die große Vielfalt der Akteure zu berücksichtigen und einzubinden.

> **Wie lassen sich möglichst viele Perspektiven in Begegnung bringen? Welche Formate eignen sich besonders?**

Eigene Veranstaltungen können Sie als Prozesse der kollektiven Wissensentstehung gestalten. Bei Veranstaltungen anderer könnten Sie auf möglicherweise fehlende Perspektiven und andere methodische Möglichkeiten hinweisen.

> **Warum nicht die wertschätzende Erkundung im eigenen privaten oder beruflichen Kontext einsetzen?**

Wer einen Schritt weiter gehen mag, der kann auch ein Art of Hosting Training mitmachen, um mehr über wertschätzende Erkundung, Prozessdesign und andere Methoden zu lernen. Zur Lektüre empfiehlt sich das Buch „Appreciative Inquiry. A positive revolution in change“ von David Cooperrider und Diana Whitney. Oder auf Deutsch „Appreciative Inquiry (AI): Der Weg zu Spitzenleistungen: Eine Einführung für Anwender, Entscheider und Berater“ von Matthias zur Bonsen und Carole Maleh.

14 Zukünfte spielerisch entdecken

Ein Loft in einem Altbau in Berlin-Kreuzberg an einem heißen Sommerabend. In einer Ecke des Raums grübeln Menschen über strategischen Fragestellungen. In einer anderen Ecke wird laut gelacht. Dazwischen geht es in einer Gruppe um die Rolle von Mitgefühl und in einer anderen um die Bedeutung von Durchhaltevermögen in gesellschaftlichen Transformationen. Diese verschiedenen Gruppen durfte ich zur Buchvorstellung von Riel Millers „Transforming the Future" in einem Raum zusammenbringen.

Die Lacher hatte an diesem Abend Martin Ciesielski auf seiner Seite. Er arbeitete früher, wie ich, in der Bankbranche und regt nun Menschen als Businessnarr mit Humor und Improvisationstheater zu tieferem Nachdenken an. Ein Ausgangspunkt dafür ist für ihn als Gründer der „School of Nothing" die Erkundung des Nichts. So ermöglicht er Menschen mit Händen, Herzen und Köpfen miteinander zu arbeiten. Auf dem „Futures Literacy Design Forum" lud Martin in der Zentrale der UNESCO in Paris Ende 2019 die Teilnehmenden dazu ein, verschiedene Verhaltensweisen in sozialen Skulpturen und als Mini-Theaterstücke darzustellen. Ganz nach dem Impro-Motto „Lass die anderen gut aussehen" wurde wertschätzend mit dem gearbeitet, was die Menschen bewusst und unbewusst mitgebracht hatten.

Die Zukunft selbst modellieren

Martins Ansatz passt wunderbar zu den verschiedensten Wegen, die in der Zukünftearbeit weltweit gegangen werden, um nicht nur analytisch zu arbeiten. So werden die Teilnehmenden in größeren Zukünftelaboren regelmäßig dazu eingeladen, ihre verschiedenen Zukünfte als Skulpturen darzustellen. Aus einer Sammlung von unterschiedlichen Materialien dürfen sie sich aussuchen was sie wollen, um einzelne Aspekte ihrer Zukunft zu modellieren. In kleinen Gruppen sprechen sie miteinander darüber, was sie warum darstellen und wie das möglicherweise zu den anderen Teilen der gemeinsam erschaffenen Skulptur passt.

Das Ergebnis ist für Außenstehende selten verständlich. Das ist auch nicht notwendig. Entscheidend ist, dass die Teilnehmenden durch die Arbeit mit den Händen einen weiteren Zugang zum Thema der Veranstaltung bekommen, dass sie sich gegenseitig zusätzlich inspirieren und Neues entdecken.

Ein anderer Weg um Zukünfte spielerisch zu entdecken, ist mit Karten zu spielen. Das kann ausgesprochen viel Freude machen und zu unerwarteten Ergebnissen führen, wie die Teilnehmenden eines kleinen Zukünftelabors zur Zukunft des Journalismus erleben durften. In der Experimentierphase des Labors gab ich ihnen das Kartenspiel „The Thing from the Future“ (Das Ding aus der Zukunft), das Stuart Candy mit Kollegen entwickelt hatte. Mit dreimal 34 Karten ermöglicht es mehr oder weniger ungewöhnliche Satzkombinationen wie „In einer hellen Zukunft des Journalismus gibt es ein Gebäude, das mit Krieg zu tun hat. Was ist es?“ oder „In einer weisen Zukunft des Journalismus gibt es ein Werkzeug, das mit Wasser zu tun hat. Was ist es?“. An drei Stellen unterscheiden sich diese beiden Sätze und knapp 40.000 andere Kombinationen des Spiels.

Der kleine Unterschied setzt in der Gruppenarbeit eine große Kreativität frei und macht viel Freude. Vor allem ermöglicht er neue Blicke auf mögliche Zukünfte des Themas. Seit Mitte 2020 kann man das Spiel dank griechischer Programmierer in einer leicht veränderten Variante auch in Minecraft spielen.

Mittlerweile gibt es weitere Kartenspiele, auch auf Deutsch. Das Future Game bietet zum Beispiel verschiedene Rollen an – wie die Bienenzählerin oder die KI-Aufseherin – aus deren Perspektiven dann die Zukunft betrachtet werden kann. Auch Brettspiele der Zukunft gibt es. Im Spiel „Seltsame Zukünfte“ (original „Stranger Futures“) der polnischen Zukünfteforscher um Norbert Kolos ist die Ausgangsbasis eine Liste von Annahmen über das jeweilige Thema, die vorab zum Beispiel in einer vorhergehenden

Phase eines Zukunftsprozesses erstellt wurde. Diese Annahmen werden dann von den Spielern herausgefordert, verändert oder verstärkt. Für überzeugende Ideen erhält man im Spiel Chips, die am Ende gezählt werden. Dann kann sich ein Gewinner feiern lassen. Entscheidend ist, dass im Laufe des Spiels bestehende Annahmen herausgefordert und neue Annahmen erarbeitet wurden. Mit diesen kann dann weiter gearbeitet werden.

Relativ einfach und zum Beispiel am Beginn von Veranstaltungen nutzbar ist das Polak-Spiel, benannt nach dem niederländischen Soziologen Frederik Lodewijk Polak. Hier positionieren sich die Teilnehmenden im Raum zunächst auf einer Linie danach, ob sie eher optimistisch oder pessimistisch in die Zukunft des jeweiligen Themas schauen. Von dort aus wird die zweite Dimension eröffnet: Die Teilnehmenden zeigen, ob sie die Zukunft als weitgehend vorbestimmt sehen oder ob sie erheblichen menschlichen Gestaltungsspielraum erleben. So werden schnell viele Annahmen sichtbar und ein besseres Kennenlernen der Menschen im Raum erleichtert.

Macht in Systemen darstellen

Auf den indischen Mystiker P.R. Sarkar geht ein Spiel zurück, das mit vier Arten von Macht arbeitet: Die Macht der Arbeiter, der Krieger, der Intellektuellen und die der Kapitalisten. Die Arbeiter möchten Einkommen und Sicherheit. Wenn sie unzufrieden sind, können sie Chaos und Durcheinander bringen. Die Krieger streben nach Ordnung und Loyalität. Mit der Macht ihrer Waffen können sie ihr Umfeld dominieren. Die Intellektuellen wollen Wahrheit und Klarheit. Mit der Macht ihrer Ideen können sie alternative

Zukünfte kreieren. Schließlich die Kapitalisten, die materielles Wachstum erreichen wollen und über die Macht des Geldes verfügen. Die Teilnehmenden werden auf diese vier Gruppen aufgeteilt und erhalten Beschreibungen ihrer Rollen sowie entsprechende Symbole wie Schaufeln, Waffen, Bücher oder Geld. Zuerst widmen sich die Arbeiter dem jeweiligen Thema und kreieren eine Zukunft nach ihrem Geschmack. Dann kommen nach und nach die anderen Gruppen hinzu und fordern die bisher erstellte Zukunft mit ihrem Wertesystem heraus. Man kann sich vorstellen, dass es schnell unübersichtlich wird. So wie in der gesellschaftlichen Praxis. Entscheidend ist, dass man nach dem Spiel darüber diskutiert, was darin passierte.

Der Phantasie sind kaum Grenzen gesetzt. Einerseits bezüglich der Vielfalt von Zukünften aber auch bezüglich der Wege, um diese spielerisch zu ergründen. Wichtig erscheint mir, dass die spielerischen Elemente klug in einen größeren Prozess eingebunden sind. Sie können beim Aufwärmen und Kennenlernen helfen. Sie können über Spaß und Lachen zu einer Lockerheit beitragen, die mehr Kreativität ermöglicht. Und sie können noch mehr Tiefgang, neue Verbindungen, neue Einblicke ermöglichen, die ein Dialog oder eine Diskussion mit Worten allein nicht schafft.

Spielen Sie mit der Zukunft

Dieses Kapitel hat Ihnen einige der Möglichkeiten gezeigt, wie man spielerisch an Zukunftsthemen herangehen kann.

> **Probieren Sie einige davon oder auch ganz andere aus. Vielleicht zunächst zum Aufwärmen auf einer größeren Veranstaltung. Oder mit einer kleineren Gruppe als Teil eines längeren Prozesses. Nutzen Sie auch hier die Erfahrung von Menschen, die sich schon länger intensiv mit Spielen beschäftigen.**

Wenn Sie mehr über das „Thing from the Future“ lesen wollen, so empfehle ich das Kapitel 6 im Buch „Transforming the Future – Anticipation in the 21st Century“. Eine Einführung in das Sarkar-Spiel bietet Sohail Inayatullahs Artikel „Using Gaming to Understand the Patterns of the Future - The Sarkar Game in Action“ von 2013. Die Internetauftritte der anderen in diesem Kapitel erwähnten Personen und Organisationen beinhalten weitere Anregungen.

15 Digitale Zukunftswerkzeuge

Ein edles Konferenzzentrum im Taunus im Frühjahr 2013. Ich bin als Querdenker eingeladen, mit meinen Perspektiven ein Treffen von Organisationsentwicklern zu bereichern. Unsere Gastgeberin befragt uns zu Themen rund um Fortschritt, Wandel und Führung. Die Zuhörenden sind aufmerksam und bereiten ihre eigenen Fragen vor. So weit so üblich. Aber sie tippen ihre Fragen in ihre Smartphones ein. Und sie bewerten die Fragen der anderen Teilnehmenden. Wir Diskutanten wählen dann aus, auf welche der

Fragen wir antworten wollen oder wo wir zurückfragen wollen. Was heute ein weit verbreiteter Weg der Interaktion mit Teilnehmenden, Studierenden und Mitarbeitern ist, das begegnete mir damals zum ersten Mal. Seitdem suche ich nach digitalen Werkzeugen, die die Arbeit an offenen Zukünften verbessern können. Und ich versuche sie in meinen Projekten einzusetzen, wo immer es sinnvoll erscheint. Die Corona-Zeit hat diese Entwicklung erheblich beschleunigt.

Zusätzliche Möglichkeiten eröffnen

Sinnvoll sind digitale Werkzeuge immer dann, wenn sie etwas ermöglichen, was in der direkten, persönlichen Begegnung nicht erreichbar ist. Oder wenn diese unmittelbare Begegnung auf Grund geographischer Entfernungen oder anderer Restriktionen nicht zugänglich ist. Vor allem können und sollen diese Werkzeuge die kollektive Intelligenz der Teilnehmenden in einem Raum und auch außerhalb sichtbar machen. Auf der Veranstaltung im Taunus hatten alle Teilnehmenden die Chance, eine Frage einzugeben. Ohne digitale Unterstützung dominieren oftmals einige wenige, eher extrovertierte Personen solche Fragerunden. Um gemeinsam neue Ideen für die großen Themen der Gegenwart zu entwickeln, brauchen wir aber auch die Einblicke und Fragen der Zweifler, der Stillen. Wir lassen Widerspruch zu, öffnen die Diskussion und laden die nicht so oft gehörten Stimmen ein.

Im Taunus hat das gut geklappt. Alle waren in einem Raum. Fast alle hatten die nötige technische Ausstattung. Es gab eine direkte Rückmeldung auf die eigene Eingabe in den Rechner. Aber es wurden eben auch nur die Personen im Raum erreicht.

Schön ist es, wenn sich in einem Dialogprozess auf diesem Weg viele Menschen einbringen können. Insbesondere Menschen, die nicht die Zeit und das Geld haben, um zum Beispiel auf eine Abendveranstaltung in die örtliche Stadthalle zu gehen.

Klar ist, dass man mit digitalen Werkzeugen auch Menschen ausschließen kann. Die einen haben nicht die technische Infrastruktur, andere nicht die Kompetenz im Umgang mit der Technik. Wieder andere wollen sich nicht über so einen „kalten" Weg zu so wichtigen Fragen äußern. Und es gibt die, die aus datenschutzrechtlichen Gründen gewisse Anwendungen kritisch sehen oder ablehnen. Man sollte sich also genau überlegen, welche Zielgruppe man über welchen Weg erreichen will.

Und man sollte sich überlegen, welche Kompromisse in der Qualität des Dialogs zu machen sind. Ein direkter Austausch ist über Videokonferenzen mittlerweile auch für große Gruppen mit mehreren Untergruppen möglich. Aber dann müssen alle zum selben Zeitpunkt im virtuellen Raum sein. Will man noch mehr Menschen zu einem Zeitpunkt erreichen, der für sie individuell passt, dann wird eine Rückkopplung schwer oder sollte gut über einen längeren Zeitraum organisiert sein. Wichtig ist es, digitale und analoge Werkzeuge klug miteinander zu kombinieren.

Fragen online stellen

Die Zukunftsarbeit beginnt in der Regel mit einem Thema und einer Frage: Wie sieht eine lebenswerte Stadt aus? Welches Gesundheitssystem ist möglich? Oder: Wie könnte es mit dem gesellschaftlichen Zusammenhalt weitergehen? Dann werden diese allgemeinen Fragen oft in kleinere, machbare Elemente aufgeteilt und als Einstieg in die Diskussionen genutzt. Daher ist es im digitalen Raum wichtig, dass man nicht nur die Fragen der Teilnehmenden – wie damals im Taunus geschehen – einsammelt. Sondern dass man als Prozessbegleitung selbst Fragen stellt und die Antworten zusammenführt. Manche App muss dazu vielleicht etwas flexibel gehandhabt werden, um Freitextantworten auf konkrete Fragen zuzulassen. Und die Auswertung kann deutlich schwieriger sein. Daher braucht es zusätzliche Moderationsressourcen, um die Eingaben zu sichten und sie gegebenenfalls mit der offline Diskussion zu verknüpfen. Man kann die Eingaben auch in die weiteren Schritte eines Projekts mitnehmen. Auf einer großen Veranstaltung in Berlin im Rahmen unseres Dialogprozesses #gutlebendigital konnten wir beides kombinieren.

Online-Formulare sind ein leichter Weg, um die Perspektiven vieler Menschen einzuholen. Je mehr Personen teilnehmen und je mehr offene Fragen es gibt, umso aufwändiger wird es dann sein, zurückzufragen oder Rückmeldungen zu den Eingaben zu geben. Aber das gilt offline genauso. Im Zukunftsdialog der Bundeskanzlerin brachten sich so viele Menschen über die Internetseite des Prozesses ein, dass weitere Mitarbeiter dazu geholt werden mussten.

Ein gutes Maß an Transparenz

Für die inhaltliche und technische Gestaltung der Fragebögen ergeben sich einige Herausforderungen. Wenn die Fragen sehr persönlich und die Antworten öffentlich einsehbar sind, dann wird sich nur eine kleine Personengruppe einbringen: Menschen mit einem gefestigten Weltbild und hohem Mitteilungsdrang. Im Prozess zur Zukunft Frankfurts bekamen wir online nur wenige Antworten auf die Frage danach, was den Menschen im Leben wichtig ist. Die Antworten waren nicht-anonymisiert auf der Webseite sichtbar. Das war im Rückblick keine gute Entscheidung. Offline hatte diese Frage eine große Menge wertvoller Einblicke gebracht.

In #gutlebendigital machten wir daher die elektronischen Antworten der Teilnehmenden lediglich dem Projektteam zugänglich. Niemand sonst sah, dass sich zum Beispiel eine Teilnehmerin in einem langen Text tiefgründig dazu äußerte, wo die Digitalisierung schon heute einen positiven Beitrag zur Lebensqualität leistet. Somit konnte sich online auch kein Austausch mit anderen Teilnehmern entspinnen. Das Projektteam begab sich aber in den Austausch. Und wir luden die Teilnehmenden mit den wertvollsten Einblicken zu einer Präsenzveranstaltung nach Frankfurt ein – wohin wiederum nicht jeder kommen konnte.

Im Jahr 2020 konnte ich mehrere virtuelle Zukünftelabore moderieren. Dazu nutzten wir eine Videoplattform und für die Ernte der Ergebnisse eine für alle Teilnehmenden gleichzeitig zugängliche und bearbeitbare Datei. Es war eine Freude zu sehen, wie die kollektive Intelligenz der Gruppe in kurzer Zeit sichtbar wurde, als alle zeitgleich ihre Elemente wünschenswerter Zukünfte eintrugen. Ohne Reiseaufwand konnten wertvolle Ergebnisse erarbeitet werden.

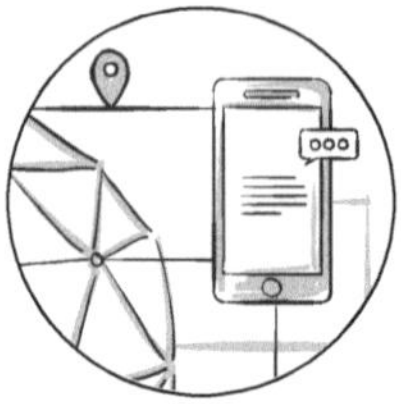

Gemeinschaft organisieren

In größeren, längerfristigen Zukunftsprozessen geht es auch darum, die Gemeinschaft zu organisieren.

> **Wer hat sich wann über welchen Weg wie in das Projekt eingebracht? Wer sollte in Zukunft eingebunden werden? Wer kennt wen? Wer sind Ansprechpartner zu speziellen Themen? Wie hält man sie alle auf dem Laufenden?**

Für solche Fragen gibt es Client Relationship Management (CRM) Systeme. Im Frankfurter Dialogprozess hat uns Nationbuilder ermöglicht, deutlich mehr Menschen anzusprechen als ohne diese Unterstützung. Mit entsprechender Genehmigung erstellten wir für alle Kontaktpersonen Einträge in der Datenbank. Die Anmeldung zu größeren Veranstaltungen lief ebenso darüber wie die Online-Befragungen. Aus der Datenbank heraus wurden dann die Newsletter verschickt. Damals nutzten wir sogar die Schnittstellen zu Facebook und Twitter: Jede Reaktion auf einen unserer Beiträge dort wurde in der Datenbank von Nationbuilder vermerkt. Das war allerdings damals für den Prozess wenig wertvoll und aus heutiger Sicht ist es datenethisch höchst bedenklich.

Mittlerweile gibt es eine kaum überschaubare Zahl von Plattformen und Werkzeugen für die Zusammenarbeit im digitalen

Raum. Messen und große Veranstaltungen werden im Zeichen von Corona ebenso virtuell organisiert wie kleine Teamtreffen. Eine umfassende Darstellung dieser Vielfalt ist nicht Ziel dieses Kapitels. Vielmehr soll es Anregungen bieten, um online und onsite, virtuelle und physische Begegnung in einem Zukünfteprozess geschickt miteinander zu kombinieren. Nutzen Sie die Möglichkeiten und bedenken Sie dabei auch die Grenzen der virtuellen Welt.

DIE BASIS
DIE WERKZEUGE
DIE ANWENDUNG

16 Zukunftsdialog der Bundeskanzlerin

Ein kühler Januartag in Berlin im Jahr 2012. Heute treffe ich die Gastgeberin eines der besten Dialogprozesse, an denen ich beteiligt sein durfte: Bundeskanzlerin Angela Merkel. Ihr stelle ich die ersten Vorschläge meiner Arbeitsgruppe „Wohlstand, Lebensqualität und Fortschritt" in ihrem „Dialog über Deutschlands Zukunft" vor. Sie hatte uns darum gebeten, Vorschläge zu erarbeiten, wie ein anschlussfähiges und sichtbares Bild einer wünschenswerten Zukunft für die Bundesrepublik entwickelt werden kann und wie bessere Erfolgsmaße für Lebensqualität gefunden werden können. Die Kanzlerin ist eine ausgezeichnete Zuhörerin, fragt nach, stellt Verbindungen her. Sie sagte uns nicht, was alles nicht geht – auch wenn verschiedene Restriktionen auch ihrer Handlungsfreiheit durchschimmerten – sondern ermutigte uns, die Vorschläge zu präzisieren und dann in den Abschlussbericht aufzunehmen.

Große Vielfalt von Stimmen

Ein Grund für meine bis heute anhaltende Begeisterung über diesen Zukunftsdialog ist die außergewöhnlich bunte Mischung von Themen und Menschen, die hier vom Kanzleramt zusammengebracht wurden. Die Auswahl und die Ansprache der Teilnehmenden ist eine der großen und nicht trivialen Aufgaben für alle Organisatoren von Zukunftsprozessen. Allein in der Gruppe, die ich als Kernexperte begleiten durfte, waren Teilnehmende mit Schwerpunkten in den Themenfeldern Soziales, Wirtschaft, Arbeit und Umwelt. Sie kamen aus Universitäten, einer internationalen Organisation, einem Sozialverband und aus der Zivilgesellschaft. Allerdings nur Männer. In den anderen 17 Gruppen des Expertendialogs mit jeweils acht bis zehn Teilnehmenden waren mehr Frauen dabei und die inhaltliche Vielfalt noch größer: Unter anderem eingebunden waren die Direktorin der Bundeszentrale für gesundheitliche Aufklärung, eine Schuldirektorin, eine Steuerrechtlerin, ein Hauptkommissar, der Geschäftsführer eines Job Centers und ein Community Organizer.

Damit war die Vielfalt der Perspektiven noch nicht ausgeschöpft. Parallel zum Expertendialog war die Bevölkerung in einem virtuellen Dialog eingeladen sich zu denselben Fragen zu äußern, die uns Experten gestellt wurden. Diese Einladung wurde von deutlich mehr Menschen angenommen, als man im Kanzleramt ursprünglich erwartet hatte. Fast 12.000 Vorschläge für künftiges Regierungshandeln wurden abgegeben und 74.000 Kommentare dazu. Viele der Vorschläge zeugten von hohem Engagement der Menschen und von großem Wissen über gesellschaftliche Fragen. Zugleich wurde sichtbar, dass manche Gruppen online ausgesprochen gut organisiert sind und viele Menschen aktivieren können. So kamen die Vorschläge zur Legalisierung von Cannabis in den Abstimmungen weit nach oben, wodurch ein Thema sichtbar wurde, das in anderen Ländern später hohe politische Relevanz erhalten sollte. Zusätzlich zum Online-Dialog gab es drei Bürgergespräche zwischen der Bundeskanzlerin und jeweils 100 Interessierten sowie mehrere kleine Veranstaltungen.

Klare Struktur, kraftvolle Fragen

Der zweite Grund für meine anhaltende Begeisterung über diesen Zukunftsdialog sind die klare Struktur und die kraftvollen Fragen, die zu Beginn gestellt wurden. Zunächst die drei Leitfragen der drei Themenstränge: Wie wollen wir gemeinsam leben? Wovon wollen wir leben? Wie wollen wir gemeinsam lernen? Diese von der Gastgeberin ausgewählten Fragen sind von großer Relevanz und es sind noch lange nicht alle Antworten bekannt. Zusätzlich erhielten die 18 Arbeitsgruppen weitere Fragen und sollten beschreiben, wo Deutschland zu ihrem Thema heute steht, welche Trends sie in fünf bis zehn Jahren erwarten und was die Bundesregierung in diesem Zeitraum machen kann. Daraus wurden spezifische Fragen für jede Arbeitsgruppe abgeleitet. In meiner Gruppe war das: Was ist Wohlstand und was ist gesellschaftlicher Fortschritt? Wie erreichen wir ein gesamtgesellschaftliches Verständnis von Wohlstand und Lebensqualität? Welche Erfolgs- und Wohlstandsmaße brauchen wir, um Lebensqualität zu messen? Und: Wie sehen Institutionen in Politik und Wissenschaft aus, mit denen komplexe Querschnitts- und Langfristthemen gemeinsam konstruktiv angegangen werden können? Über die Diskussion der verschiedenen Fragen wurde ein gemeinsames Verständnis der Aufgabe erreicht und ein Kennenlernen unter den Experten.

Wenn so gute Fragen gestellt werden, dann ist der Weg zu guten Ideen und Handlungsvorschlägen nicht weit. Zudem war eine neutrale Prozessbegleitung von außerhalb des Kanzleramts dabei, was hilfreich für die Qualität und die Fokussierung der Diskussionen war. Und es gab keine Denkverbote, keine erwünschten Antworten aus Sicht der Gastgeberin. Die Aufgabe war „lediglich", Handlungsvorschläge für die Bundespolitik zu entwickeln, für die großer gesellschaftlicher Bedarf gesehen wurde und die in einem Zeithorizont von fünf bis zehn Jahren umsetzbar sein sollten. Wir wurden explizit dazu eingeladen quer zu denken, anders zu denken, neu zu denken. Und wir sollten erwartbare Spannungsfelder und gesellschaftliche Konflikte sichtbar machen. Gleichzeitig war auch klar, dass die Vorschläge nicht eins-zu-eins in Gesetze gegossen würden, sondern dass die Kanzlerin auswählen wird, was sie weiterverfolgt. Nur so war die große Offenheit für Vielfalt und Innovationskraft der Vorschläge möglich. Zudem durften wir die Bürgervorschläge in unsere Überlegungen einbeziehen.

Hohe Handlungsrelevanz

Im August 2012 war ich dann wieder im Bundeskanzleramt zur Vorstellung der Vorschläge aller Arbeitsgruppen und zur Präsentation des Abschlussberichts. Zu meiner großen Freude hatte das Kanzleramt eine Liste mit 24 Vorschlägen erstellt, die mit dem Ziel der Umsetzung weiterverfolgt werden sollten. Das war ein klares Zeichen der Wertschätzung und der Relevanz unserer Arbeit. Meine Freude war noch größer, als ich zwei Vorschläge meiner Arbeitsgruppe auf der Liste fand: Der Bürgerdialog zu Zukunftsfragen der Lebensqualität „Vision 2040 – für meine Kinder" und der „Fortschrittsbericht Lebensqualität" als regelmäßige und ressortübergreifende Stellungnahme der Bundesregierung zu den wichtigsten Politikbereichen rund um Lebensqualität. Ebenso freute ich mich über die hohe Qualität vieler Vorschläge aus den anderen Arbeitsgruppen. Sie reichten von einem individuellen Kompetenzpass über einen deutschlandweiten Gesundheitsmonitor und die Vereinfachung von Bürgerbeteiligung bis hin zur Idee eines Internationalen Deutschlandforums. Auch zehn Bürgervorschläge wurden vom Kanzleramt ausgewählt und weiterverfolgt. Hier ging es zum Beispiel um einen nationalen Dreck-weg-Tag, ein gemeinschaftliches Online-Portal für deutsche Wissenschaft & Bildung und um die Novellierung des Altenpflegegesetzes.

Insgesamt haben die Vielfalt der Beteiligten, die guten Fragen, die klare Struktur und die prominente, mächtige Gastgeberin einen kraftvollen Prozess mit innovativen Handlungsempfehlungen ermöglicht. Es gab eine klare Aufgabentrennung zwischen den Gastgebern, die die Räume und die Organisation zur Verfügung stellten, der Prozessbegleitung, die einzelne Veranstaltungen strukturierte und moderierte, und den Teilnehmenden, die ihre Inhalte einbrachten. Diese Aufgabentrennung war hilfreich und unterscheidet sich von vielen anderen Prozessen, wo die Gastgeber oft gleichzeitig auch moderieren und Inhalte (mit)bestimmen. Und es wurde nicht abstrakt außerhalb des Systems diskutiert, sondern mit Teilen des politischen Systems und mit der Hoffnung auf konkrete Anwendung der Ergebnisse.

Eine kleine Gruppe kann viel bewegen

Angestoßen und getragen wurde der Prozess von einer kleinen Gruppe im Bundeskanzleramt mit einer entscheidenden Person, die Quelle der Idee war, die sich Unterstützung von ganz oben erarbeitet hatte und die mit großem Einsatz den Kern des Prozesses hütete: Andrea Schneider, der damals stellvertretenden Leiterin des Stabs politische Planung. Ihr Beispiel zeigt, was möglich ist, wenn man etwas Neues versucht und Mitstreiter dafür sammelt.

Gerne bilde ich mir ein, dass auch ich einen kleinen Beitrag zur Entstehung dieses wegweisenden Prozesses geleistet habe. Schließlich hatte ich zuvor meine Studie „Zukunftsforschung für Staaten" im Kanzleramt vorgestellt, in der ich für „breit angelegte, offene, disziplinen- und ressortübergreifende Prozesse der Kommunikation" geworben hatte. Und ich hatte Riel Miller, den heutigen „Head of Futures Literacy" der UNESCO, sowie den finnischen Komplexitätsexperten Mika Aaltonen zu Terminen ins Kanzleramt gebracht. Beide hatten dafür plädiert, dass breit und offen über Zukünfte gesprochen wird.

Trotz aller Hochachtung für das im Zukunftsdialog Erreichte, darf man die Grenzen des Prozesses nicht verheimlichen. So entsprach die Qualität des Dialogs nicht unbedingt den hohen Anforderungen von Dialogspezialisten wie David Bohm oder William Isaacs (Kapitel 1). Im Kreis ohne Gesprächsleitung, ohne Tagesordnung, ohne Zielsetzung miteinander zu reden, war hier auch nicht das passende Format. Auch über Annahmen wurde nicht wirklich gesprochen. Immerhin: Ein paar Jahre später fanden einige Workshops des 2. Internationalen Deutschlandforums nicht um die schweren Tische in den Sitzungssälen, sondern in Stuhlkreisen in den breiten Fluren des Kanzleramtes statt.

Eine größere Herausforderung für die spätere Umsetzung der Ergebnisse war die Tatsache, dass die dafür in der Regel mitverantwortlichen Bundesministerien nicht im Dialog beteiligt waren. In der Theorie sollten in einem Dialogprozess alle die beteiligt sein, die später die Vorschläge umsetzen sollen. Mit dem Ressortprinzip aus Artikel 65 des Grundgesetztes und den Autonomieansprüchen der Ministerien ist ein solches dialogisches Vorgehen auf den ersten Blick nicht vereinbar. Hier wurde für mich eine große Aufgabe für die Zukunft sichtbar: Einen generativen Dialog auch auf dieser Ebene zu ermöglichen.

Zukunftsdialoge selbst auf den Weg bringen

Für jeden Zukunftsdialog ist eine Unterstützung von ganz oben hilfreich. Das muss und kann nicht immer die Bundeskanzlerin sein. In jedem Verein, jedem Unternehmen oder jedem Verband, gibt es Themen, die sich mit einer ähnlichen Struktur wie hier dargestellt angehen lassen. So sind ähnlich reichhaltige Ergebnisse möglich. Ganz ohne Aufwand wird es nicht gehen. Es braucht Zeit neben dem Tagesgeschäft. Und es braucht eine kleine Gruppe von Menschen, die den Prozess strukturiert und vorantreibt.

Dieses Kapitel soll Ihnen Mut machen, in Ihrem jeweiligen Kontext selbst einen kleinen Dialogprozess über die Zukunft auf den Weg zu bringen. In den anderen Kapiteln des Buches gibt es weitere Anregungen. Wer mehr über den Zukunftsdialog der Bundeskanzlerin erfahren möchte, der kann den frei zugänglichen Ergebnisbericht des Expertendialogs lesen oder das von Angela Merkel herausgegebene Buch mit demselben Titel „Dialog über Deutschlands Zukunft“.

17 Zukünfte von Städten

Wie wichtig die Kombination aus Denken und Tun ist, wurde mir im Juni 2013 auf dem Podium im Bundeskanzleramt einmal mehr klar. Im Rahmen des 1. Internationalen Deutschlandforums von Bundeskanzlerin Merkel zum Thema „Was den Menschen wichtig ist – Lebensqualität und Fortschritt" hatte ich gerade darüber vorgetragen, wie bedeutend Räume für Dialoge sind, in denen verschiedene Menschen und Gruppen zu Wort kommen, ihre Vorstellungen von Lebensqualität äußern und gemeinsam an deren Verbesserung arbeiten. Ich rief meine Zuhörer dazu auf, Gastgeber für solche Räume zu sein, inhaltlich offen zu sein, und sich für die Umsetzung ausgewählter Ergebnisse einzusetzen. Was ich damals nicht wissen konnte, nicht einmal zu träumen wagte: Ende 2013 würde im Koalitionsvertrag der Bundesregierung genau das stehen: „Wir wollen unser Regierungshandeln stärker an den Werten und Zielen der Bürgerinnen und Bürger ausrichten und führen daher einen Dialog mit ihnen über ihr Verständnis von Lebensqualität durch."

Selber machen

Was ich wissen konnte: An noch höherer Stelle würde ich meine Anliegen nicht hinterlegen können. Ein wichtiges Stück der Arbeit im Zentrum für gesellschaftlichen Fortschritt war getan. Was nun? Selber machen! Nicht nur anderen Menschen oder Organisationen kluge Ratschläge geben, sondern selbst ausprobieren, wie das geht. Warum nicht naheliegenderweise in Frankfurt? Erste Vorarbeiten gab es schon, seit aus dem Ideenrat des Fortschrittszentrums ein „All politics is local" hochgehalten wurde und sich in Frankfurt eine kleine Gruppe zur Zukunft der Stadt gebildet hatte. Und in unserer Publikationsreihe „Schöne Aussichten" hatten wir mehrere Projekte zur Verbesserung der Lebensqualität auf der lokalen und regionalen Ebene im Detail beleuchtet: Jacksonville in Florida, Santa Cruz in Kalifornien und Tasmanien in Australien.

So saß ich dann Ende 2013 in den Räumen eines islamischen Kulturvereins im kleinen Zentrum der Frankfurter Nordweststadt. Ein Stadtteil mit großen Herausforderungen. Schräg gegenüber kümmern sich tagsüber die Mitarbeitenden der Arche um benachteiligte Kinder. Ben Warner aus Jacksonville hatte mir mitgegeben, dass ein Projekt zur Zukunft der Stadt gerade in solchen Stadtteilen aktiv sein sollte.

Also hatte ich einigen Menschen von unserem Vorhaben erzählt. Eine muslimische Mit-Elternbeirätin in unserem Kindergarten hatte mir daraufhin die Telefonnummer des Vorstands dieses Kulturvereins gegeben: „Ruf ihn an! Er ist wirklich nett." Wie wahr. So legten wir dann ihm und seinen Kollegen im Kulturverein dar, wer wir sind und was wir tun. Und wir kamen Schritt für Schritt ins Gespräch über Lebensqualität in der Nordweststadt. Besonders sichtbar wurde dabei, welche große Bedeutung sie dem friedlichen Zusammenleben und der Bildung gaben. Zum Zusammenleben waren sie selbst bereits aktiv. Im Bildungsthema spürten wir dagegen eine Rat- und Machtlosigkeit, die ein wichtiger Impuls im Prozess „Schöne Aussichten – Forum für Frankfurt" werden sollte.

Vielfalt in kleinen Veranstaltungen

Nach diesem gelungenen Auftakt gelang es dem Team von Schöne Aussichten noch weitere kleine Veranstaltungen in der Bahnhofsmission, mit Langzeitarbeitslosen, mit jungen Eltern, mit Kindern und Jugendlichen, mit Senioren oder mit Einwanderern auf den Weg zu bringen. Überall hatten wir den Eindruck, dass sich die Menschen darüber freuten, dass sich jemand für sie und ihr Leben interessierte, ihnen zuhörte. Zudem gab es mehrere große Veranstaltungen in Stadthallen, wo die Vielfalt der Teilnehmenden nicht ganz so hoch war. Auch gab es die

Möglichkeit sich online zu beteiligen. Und wir führten bilaterale Gespräche mit einflussreichen Personen in der Innenstadt. Insgesamt gelang uns in diesem Ehrenamtsprojekt eine gute Mischung, die dem hohen Anspruch von Ben Warner aus Jacksonville weitgehend gerecht wurde: Jeder Mensch in Frankfurt sollte den Eindruck haben können, dass „jemand wie er/sie“ im Projekt eingebunden war. Ein Anspruch, den ich seitdem auch an andere, finanziell und personell besser ausgestattete Projekte stelle.

Dialog, Visionen, Indikatoren, Handlungen

Diese Dialogphase war der erste Schritt im Lebensqualitätsprozess „Schöne Aussichten – Forum für Frankfurt“. Im zweiten Schritt wurden die Ergebnisse zu Visionen zusammengefasst: Welche Vorstellungen wünschenswerter Zukünfte wurden sichtbar? Im dritten Schritt wurden dann passende Indikatoren gesucht, mit denen sich überprüfen lässt, wo der Abstand zwischen Wunsch und Wirklichkeit noch besonders groß ist. Am Ende wurden Projekte und Handlungen identifiziert und auf den Weg gebracht, mit denen sich dieser Abstand verringern lässt. Das alles für die zehn Themenfelder Arbeit & Wirtschaft, Freizeit, Kunst & Kultur, Bildung, Gesundheit & Wohlergehen, Umwelt, Verkehr & Mobilität, Wohnen, Zusammenleben & Dazugehörigkeit, Sicherheit, sowie Politik & Verwaltung.

In der Dialogphase orientierten wir uns an der Methode der wertschätzenden Erkundung (Kapitel 13) und an Fragen aus den Projekten in Jacksonville, Santa Cruz und Tasmanien. Die vier Einstiegsfragen waren: 1. Was ist Ihnen persönlich in Ihrem Leben wichtig? Damit wurde an die persönliche Ebene der

Gesprächspartner angeknüpft. 2. Was macht für Sie eine hohe Lebensqualität in Frankfurt aus? Damit sollte der Sprung auf die Ebene der Stadt gelingen. 3. Was tut Ihnen im Herzen weh, wenn Sie an Frankfurt denken? Mit dieser Frage sollten auch die negativen Aspekte abgefragt werden, selbst wenn das der Grundidee der wertschätzenden Erkundung widerspricht. Und: 4. Frankfurt in 15 Jahren: Welche Veränderungen wünschen Sie sich? Auch wenn das formal die einzige Frage mit Zukunftsperspektive war, so war sie im Rückblick die schwächste Frage, die wenig Neues brachte.

Besonders viel hörten wir zum Thema Zusammenleben. Der Visionstext dazu klingt wenig überraschend. Er macht aber Aspekte sichtbar, die aus Sicht der Menschen in Frankfurt noch nicht zufriedenstellend umgesetzt werden:

„Im Jahr 2030 ist Frankfurt am Main eine Stadt, in der ein respektvolles Zusammenleben aller Menschen zum Alltag gehört. Anerkennung, Wertschätzung und Rücksichtnahme werden durch Zusammenkunft, Dialog und Austausch sowohl im öffentlichen Leben, zu Hause als auch in der Nachbarschaft ermöglicht und gefördert. Begegnungen, bürgerschaftliches Engagement und Hilfsbereitschaft sind selbstverständliche Teile des Lebens. Neu ankommende fühlen sich willkommen und wertgeschätzt. Die Menschen respektieren und helfen sich gegenseitig und die Angehörigen unterschiedlicher Generationen gestalten gemeinsam ihr Zusammenleben. Alle Menschen können unabhängig vom persönlichen Hintergrund am gesellschaftlichen Leben teilhaben."

Die Indikatoren zu diesem Themenfeld deuteten auf erhebliches Verbesserungspotential hin: Das Vertrauen in die Mitmenschen war niedriger als in anderen deutschen Großstädten. Die Nachbarn halfen sich gegenseitig nicht so viel wie gewünscht. Ausländer und Senioren waren nicht wirklich gut in die Stadtgesellschaft eingebunden. Zur Integration von Menschen mit Behinderung gab es noch nicht einmal Daten. Entsprechend hatten die Projekte, die im vierten Schritt eine Verbesserung der Situation ermöglichen sollten, alle einen Bezug zum Zusammenleben: Die Nachbarfeste, die Weltreisen durch Wohnzimmer und die Repair Cafés.

Mehrwert von Lebensqualitätsprozessen

Der Mehrwert eines solchen Lebensqualitätsprozesses liegt an mindestens zwei Stellen: Erstens werden Begegnungen zwischen verschiedenen Menschen, Themenfeldern und Projekten ermöglicht, die sonst nicht zusammenkommen. Auf unseren großen Veranstaltungen konnten wir Menschen aus verschiedenen Stadtteilen, Altersgruppen und Bildungsbiographien ins Gespräch bringen. Regelmäßig war die Überraschung groß, dass diesen anderen Menschen ähnliche Themen wichtig waren wie einem selbst. Das verbindet. Auch Themenfelder konnten so stärker miteinander verbunden werden. Das Thema Mobilität wird beispielsweise oft nur unter Mobilitätsexperten diskutiert, ohne die offensichtlich eng damit verbundenen Themen wie Arbeit und Wohnen hinreichend zu berücksichtigen.

In „Schöne Aussichten“ fand diese Arbeit an Querschnittsthemen vor allem durch die enge Verbindung der zehn Themenpaten statt. Alle Paten diskutierten alle Dialogergebnisse, alle Visionen, alle Indikatoren. Zum Glück waren wir nicht einem Impuls aus der Anfangsphase gefolgt. Damals wurde erwogen, ob wir uns nicht auf ein Themenfeld oder einen Stadtteil beschränken sollten. Wir entschieden uns für die Breite – zogen allerdings die Systemgrenze an der Stadtgrenze, was eigentlich angesichts der vielen Verbindungen mit dem Umland eine zu starke Einengung war. Solche Kompromisse im Design sind Teil jedes Zukunftsprozesses.

Zweitens wurde mit den Indikatoren die Informationsbasis für verschiedene Akteure verbessert. Schön wäre es gewesen, wenn sich die Stadtregierung zu den Indikatoren positioniert hätte und eigene Handlungen formal daran ausgerichtet hätte. Das ist jedoch nicht wirklich realistisch, da es zu einengend für die Politik ist. So mechanisch funktioniert Veränderung nicht. Wir hatten immerhin den Eindruck, dass ein halbes Jahr nach der Veröffentlichung der Indikatoren einige städtische Projekte auf den Weg gebracht wurden, die sich auf die Fokusindikatoren aus „Schöne Aussichten" wie Sauberkeit, Lärm oder Zusammenhalt bezogen. All diese Themen sind auch 2020 noch hochgradig relevant.

Herausforderungen auf dem Weg

Im Laufe des Gesamtprozesses wurden einige Herausforderungen sichtbar, die vermutlich in anderen Zukunftsprozessen ebenfalls auftreten können und hier nicht unter den Teppich gekehrt werden sollen. Einige mächtige Personen sahen keinen Bedarf für einen solchen Prozess, da sie selbst über die rechtliche Legitimation oder über das notwendige Wissen verfügten, um Frankfurt zu einer lebenswerteren Stadt zu machen. Diese Personen informierten wir über den Verlauf des Prozesses, erwarteten aber keine Unterstützung von ihnen. Zudem hofften einige bestehende Projekte, dass „Schöne Aussichten“ eine Werbeplattform für sie und ihre eigenen Zukunftsvorstellungen sein würde. Als sie erkannten, dass es stattdessen um ein gemeinsames Arbeiten, eine Wertschätzung unterschiedlicher Perspektiven und um Querverbindungen gehen würde, zogen sich einige dieser Projekte aus dem Prozess zurück.

Auf Grund der überschaubaren zeitlichen und finanziellen Ressourcen konnten wir nicht so viele Menschen einbinden und nicht so viele Projekte auf den Weg bringen, wie wir es gerne gemacht hätten. Jeder Prozess hat Grenzen. Und jeder Prozess ist immer nur ein Baustein von vielen in der aktiven Gestaltung der Zukunft.

Mit anderen über die Zukunft Ihrer Stadt sprechen

Ihnen sei ans Herz gelegt, wo immer möglich, Menschen außerhalb des üblichen Kreises in Diskussionen über wichtige Fragen einzubeziehen oder darauf zu dringen, dass dies von Politik und Verwaltung getan wird.

> **Auch könnten Sie die Indikatoren zur Lebensqualität in der eigenen Stadt auf deren Relevanz und Vollständigkeit überprüfen – vielleicht in einem kleinen Salon mit anderen Menschen. Nur weil bestimmte Zahlen veröffentlicht werden, sind diese nicht unbedingt für Ihre Zukunft relevant. Und vielleicht gibt es weiße Flecken in den veröffentlichten Indikatoren. Machen Sie sich auf die Suche.**

Und warum nicht diese vier Schritte in der eigenen Stadt mit anderen Menschen angehen: Dialog, Visionen, Indikatoren, Handlungen. Als Anregung empfehle ich die frei zugänglichen Ergebnisse aus „Schöne Aussichten – Forum für Frankfurt“ und die Übersicht zum Vorgehen im kleinen „Handbuch Lebensqualitätsprozesse“.

6,30
4,20

18 Regierungsstrategie „Gut leben in Deutschland“

Ein lauer Septemberabend in der Tiefebene des Berliner Hauptbahnhofs. Ich warte auf den Zug, der mich nach einer langen Sitzung im Bundeskanzleramt zurück nach Frankfurt am Main bringen soll. Da wird mir die Obdachlosenzeitung „Straßenfeger“ angeboten. Ich bezahle und entdecke zu meiner großen Freude auf dem Titelbild drei Personen, die sich dem Thema „Zusammenhalt“ widmen. In der Zeitung finde ich weitere Bilder mit Menschen, die sich mit Fragen rund um Lebensqualität beschäftigen. Sie stammen von einer Veranstaltung der Ständigen Vertretung der Straßenkinder in der Akademie für Mitbestimmung im brandenburgischen Jamlitz. Als Teil des Dialogprozesses der Regierungsstrategie „Gut leben in Deutschland“ waren Mitarbeiter der Bundesregierung und geschulte Moderatoren dorthin gefahren, um mit den Jugendlichen darüber zu sprechen, was ihnen persönlich im Leben wichtig ist und was ihrer Meinung nach Lebensqualität in Deutschland ausmacht.

Vielfalt quer durch Deutschland

Wie grandios! Im Zukunftsdialog hatten wir der Bundeskanzlerin einen Lebensqualitätsdialog vorgeschlagen und in unserem eigenen Prozess „Schöne Aussichten – Forum für Frankfurt“ gute Erfahrungen im Dialog mit selten gehörten Stimmen gemacht.

Als ehrenamtliches Mitglied des wissenschaftlichen Beirats der Regierungsstrategie „Gut leben in Deutschland“ hatte ich von diesen Erfahrungen berichtet und immer wieder den Wert des offenen Dialogs mit möglichst vielen verschiedenen Menschen für die Weiterentwicklung der Demokratie betont. Das Projektteam im Bundeskanzleramt nahm diese Impulse mit beeindruckender Konsequenz auf. Sie organisierten auch Dialoge mit den Joblingen Leipzig, in zwei Pflegeheimen in Wünsdorf und Stralsund, in einer Schule für Hörgeschädigte und Gehörlose in Bad Camberg und beim SC Rollstuhlsport München. Das war für das Kanzleramt mit einigem Aufwand verbunden. Daher benutzte man dort die Bezeichnung „schwer erreichbare Gruppen“.

Ich habe später von niemandem gehört, der den Aufwand und die Begegnungen nicht für richtig und wertvoll erachtet hat. Dabei gab es vorab manche Bedenken. Für einige Mitarbeiter der im Prozess eingebundenen Bundesministerien war das ein ungewohntes Vorgehen. Sie sahen eher die Politiker in den Städten und Kreisen in der Verantwortung, die Signale von den Menschen aufzunehmen. Gleichzeitig sahen sie auch, dass das immer weniger gut funktionierte. Einige Wissenschaftler sahen keinen wirklichen Bedarf für diesen Dialog und verwiesen auf die große Zahl wissenschaftlicher Studien zum Thema Lebensqualität. Meine Begeisterung für Dialoge und für aufsuchende Beteiligung ist im Laufe von „Gut leben in Deutschland“ weiter gestiegen. Menschen möchten gesehen und gehört werden. Sie haben etwas zu sagen. Und es ist möglich die Vielfalt der Ergebnisse in einer Gesamtschau zusammenzufassen. Insgesamt gab es über 200 Dialogveranstaltungen, davon drei mit der

Bundeskanzlerin in Rostock, Duisburg-Marxloh und Nürnberg, sowie etwa 50 mit Bundesministerinnen und Bundesministern. Auch online und über Postkarten konnte die Bevölkerung die beiden Fragen beantworten: Was ist Ihnen persönlich wichtig im Leben? Was macht Ihrer Meinung nach Lebensqualität in Deutschland aus?

Neben diesen beiden Fragen, die wir auch in „Schöne Aussichten – Forum für Frankfurt“ gestellt hatten, wurde nicht gefragt: Was tut ihnen im Herzen weh, wenn Sie an Deutschland denken? Dies hätte vermutlich weitere wertvolle Einblicke gebracht, gleichzeitig auch das Risiko, dass die Stimmung ins Negative kippt. Insgesamt beteiligten sich fast 16.000 Menschen an diesem Dialog. Das ist zwar nur ein kleiner Anteil der über 80 Millionen Einwohner Deutschlands. Immerhin wurden mehr Menschen eingebunden als in den meisten anderen Regierungsprozessen. Die Einladung zur Beteiligung wurde über eine große Bandbreite von Kanälen ausgesprochen. Der Anspruch von Ben Warner aus Jacksonville wurde weitgehend erfüllt: Die große Vielfalt der Bevölkerung wurde so gut es ging abgebildet.

Hohe Qualität des Dialogs

Zudem war die Qualität des Dialogs in den meisten Veranstaltungen dank des klugen Designs und der professionellen Prozessbegleitung erfreulich hoch, was ich als Beobachter bei vier Gelegenheiten selbst erleben durfte. In der Regel saßen die Teilnehmenden in kleinen Gruppen zusammen, in denen alle zu Wort kamen. Es wurde mit Moderatorenkarten gearbeitet, auf die alle ihre Antworten schreiben konnten und die dann im Plenum sichtbar gemacht wurden. Die wichtigsten Themen wurden im zweiten Teil der Veranstaltungen vertieft. In der offiziellen Dokumentation zur Regierungsstrategie finden sich Fotoprotokolle, Veranstaltungslisten, Fotos der Postkarten und anderes. Die vielen tausend Antworten wurden anschließend von externen Fachleuten mit einer Mischung aus qualitativer und quantitativer Inhaltsanalyse ausgewertet. Mit Unterstützung von Computern erarbeiteten sie ein Kategoriensystem mit 17 Oberkategorien wie Arbeit, Kultur, Familie und Toleranz und 160 Unterkategorien. Diesen Reichtum dokumentierten sie in einem öffentlich zugänglichen Bericht, den wir im wissenschaftlichen Beirat mehrfach diskutierten.

Relevante Indikatoren

Im nächsten Schritt wurden in Abstimmung aller Bundesministerien 48 Indikatoren gefunden, die zu den Ergebnissen des Bürgerdialogs passten. Sie sollen „frühzeitig auf kritische Entwicklungen aufmerksam machen und so potentielle Handlungsfelder für die Politik identifizieren“, wie es im Abschlussbericht heißt. Das Ergebnis ist eines der besten Indikatorensysteme auf nationaler Ebene, das ich kenne – auch wenn für mich manche Indikatoren Fragen aufwerfen (Was sagt der Altenquotient aus?) und andere zu fehlen scheinen (vielleicht die Analphabetenquote oder die Zahl der Suizide). Erfreulicherweise sind aber viele wichtige Indikatoren sichtbar gemacht worden. So zum Beispiel der Anteil der Personen, die angeben im Bedarfsfall Hilfe durch andere zu bekommen. Oder die wahrgenommene Einflussmöglichkeit der Bürgerinnen und Bürger auf die Politik, die Pendeldauer und die Verbreitung von Fettleibigkeit. Besonders gelungen ist die Darstellung im interaktiven Bericht auf der Webseite des Prozesses, auf der man einige Indikatoren auch nach Regionen und im internationalen Vergleich betrachten kann.

Somit hat die Bundesregierung einiges von dem erreicht, was im Koalitionsvertrag von 2013 zum Thema Lebensqualität vereinbart worden war: „Wir wollen unser Regierungshandeln stärker an den Werten und Zielen der Bürgerinnen und Bürger ausrichten und führen daher einen Dialog mit ihnen über ihr Verständnis von Lebensqualität durch. [...] Auf dieser Basis werden wir ein Indikatoren- und Berichtssystem zur Lebensqualität in Deutschland entwickeln.“ Der nächste Schritt zum Handeln wurde allerdings nicht so konsequent gegangen, wie im Koalitionsvertrag vorgesehen: „Wir wollen die Erkenntnisse in einen ressortübergreifenden Aktionsplan „gut leben“ zur Verbesserung der Lebensqualität in Deutschland einmünden lassen.“ Dieser Aktionsplan wurde nie geschrieben.

Der steinige Weg zum Handeln

Auch wurden in den 48 Indikatoren keine Prioritäten für künftiges Handeln sichtbar: Welche Themen erfordern besondere Aufmerksamkeit, benötigen zusätzliche zeitliche und finanzielle Ressourcen? Vielleicht fühlten sich manche Minister und ihre Stäbe durch die strenge Struktur aus „Dialog – Indikatoren – Handeln“ zu stark in ihrer Entscheidungsfreiheit eingeschränkt. Vielleicht fürchteten sie auch langfristig negative Auswirkungen, wenn ihnen keine Verbesserung der Indikatoren gelingen würde. Oder sie erkannten, dass in vielen Fällen eine mühsame Zusammenarbeit mit anderen Ministerien notwendig geworden wäre.

Nach dem Ende meiner ehrenamtlichen Tätigkeit im wissenschaftlichen Beirat der Regierungsstrategie stellte ich zehn wichtige Indikatoren zusammen, die mehr gesellschaftliche Aufmerksamkeit erhalten sollten, weil Deutschland im Vergleich zum eigenen Anspruch – wie er im Dialog sichtbar geworden war – oder im Vergleich zu anderen Ländern nicht wirklich gut da steht: Wichtig wäre es, die Wahlbeteiligung zu erhöhen, das Wohnen günstiger zu machen, das Sicherheitsgefühl zu stärken, das Vertrauen in die Mitmenschen zu fördern, die Zahl der Selbsttötungen zu verringern, Übergewicht abzubauen und den ökologischen Fußabdruck zu senken. In allen diesen Bereichen ist vermutlich eine enge Zusammenarbeit zwischen Staat, Wirtschaft und Zivilgesellschaft, zwischen Bund, Ländern und Gemeinden sowie zwischen verschiedenen Ministerien und Forschungsfeldern nötig. Das Potenzial für Dialog ist riesig.

Optimistisch gehe ich davon aus, dass die Erlebnisse und Ergebnisse aus der Dialogphase und der Indikatorenentwicklung der Regierungsstrategie an verschiedenen Stellen gewirkt haben und das auch weiter werden. Alle Mitarbeitenden der Bundesministerien, die zu den Bürgerdialogen gereist waren, haben Eindrücke mitgenommen. Alle Teilnehmenden der Dialoge haben die Gelegenheit, diese nun eingeübte Praxis in ihrem Umfeld anzuwenden. Vielleicht werden die Indikatoren auch in einigen Ministerien als Ausgangsbasis für die eigene Prioritätensetzung genutzt, ohne dass nach außen darüber gesprochen wird. Selten lassen sich Veränderungen in komplexen gesellschaftlichen Systemen kausal auf einzelne Veranstaltungen oder Prozesse zurückführen. Oft kommen verschiedene Einflüsse zusammen. So habe ich mich gefreut, dass eine große Volkspartei mit dem Motto „Für ein Land, in dem wir gut und gerne leben" in den Bundestagswahlkampf 2017 zog und so das Thema Lebensqualität weitergetragen hat.

Entscheidend für den Erfolg der Regierungsstrategie und grundsätzlich aller Dialogprozesse waren aus meiner Sicht drei Faktoren: Erstens ein neutraler Gastgeber mit hoher Sichtbarkeit, eigenen Ressourcen und gleichzeitig kompletter inhaltlicher Offenheit. Zweitens eine große Vielfalt von Teilnehmenden. Und drittens eine professionelle externe Prozessbegleitung.

Dialogprozesse in Ihrem Umfeld

Nicht jeder Dialogprozess kann so groß und sichtbar sein wie eine Regierungsstrategie. Aber in kleinen Prozessen kann Dialog geübt, können Verbindungen hergestellt und neue Einblicke sichtbar werden. So wird die kollektive Intelligenz in Organisationen, Städten oder dem Land gestärkt. So wird Vertrauen aufgebaut, Kommunikation findet statt, Sinn wird erarbeitet. Fühlen Sie sich ermutigt und eingeladen, das im eigenen Umfeld zu fördern.

Wer sich zunächst das Vorgehen und die Ergebnisse der Regierungsstrategie näher ansehen möchte, der findet unter gut-leben-in-deutschland.de eine Fülle von Informationen.

19 Digitalisierung gestalten

Ein heißer Sommertag im Jahr 2015. Der Ideenrat und der Vorstand des Zentrums für gesellschaftlichen Fortschritt treffen sich, um Möglichkeiten für die weitere Arbeit des Vereins zu besprechen. Aus einem solchen Treffen kam einige Jahre zuvor der Anstoß, sich mit Lebensqualität auf der kommunalen Ebene zu beschäftigen, woraus später der Prozess „Schöne Aussichten – Forum für Frankfurt“ entstand. Diesmal ging der Impuls in eine andere Richtung. „Wäre es nicht an der Zeit, die rasante Entwicklung der Digitalisierung aus Sicht der Lebensqualitätsforschung zu betrachten?“, fragte Jan Hofmann, Physiker, Zukunftsforscher und als Mitarbeiter eines großen Telekommunikationskonzerns mitten drin in Digitalisierungsthemen. Digitalisierung verstanden als die zunehmende

Erzeugung und Nutzung von Daten zur Kommunikation mit und zwischen Maschinen.

Diskurse zusammenbringen

In der Tat, als wir in „Schöne Aussichten" die Menschen nach ihren Bedürfnissen und Zukunftsbildern fragten, kamen Digitalisierungsthemen kaum vor. Auch in der Regierungsstrategie „Gut leben in Deutschland" war von Digitalisierung jenseits des Breitbandausbaus kaum die Rede. In der wissenschaftlichen Lebensqualitätsforschung hatte das Thema lange Zeit ebenfalls wenig Sichtbarkeit. Gleichzeitig stiegen die Nutzerzahlen der digitalen Plattformen rasant an. Deren Anbieter versprachen mehr oder weniger deutlich, dass unser Leben durch die Verwendung ihrer Produkte besser werden würde. Wie genau das gehen sollte, dazu fand ich wenig klare Aussagen und wenig belastbare Fakten.

Es war also Zeit, die Diskurse zusammenzubringen, eine Brücke anzubieten. Wir wollten Lebensqualität durch die Digitalisierungsbrille betrachten und gleichzeitig die Digitalisierung durch die Lebensqualitätsbrille. Das alles mit der Methodik des Fortschrittszentrums: Dialoge – Visionen – Indikatoren – Handeln. Der Prozess #gutlebendigital entstand.

Es war ein ambitioniertes Vorhaben, für das es Partner, Unterstützer, Mitstreiter brauchte. Idealerweise solche Partner, die die Ergebnisse auch in relevantes eigenes Handeln einfließen lassen würden. Also klopften wir bei den großen Technologiekonzernen aus dem In- und Ausland an. Wir nahmen Kontakt zu Verbänden, Stiftungen und Bundesministerien auf. Aus den Gesprächen mit einzelnen Mitarbeitern wurde großes Interesse sichtbar: Ja, solch ein Dialogprozess wäre enorm wichtig und es gibt aktuell keinen Ort, an dem diese Verbindung konsequent hergestellt wird. Allerdings gelang es an keiner Stelle, aus dem persönlichen Interesse einen größeren Beitrag der jeweiligen Institution zum Prozess zu erhalten. Das lag wahrscheinlich nicht an den einzelnen Menschen.

Herausforderung der inhaltlichen Offenheit

Meine Vermutung ist, dass die inhaltliche Offenheit des Prozesses für die Organisationen nicht akzeptabel war. Ich konnte und wollte nicht garantieren, dass die Ergebnisse zu den thematischen und wirtschaftlichen Prioritäten der jeweiligen Organisation passen würden. Ich konnte sie nicht davon überzeugen, dass es auch für sie wichtig sein könnte zu hören, welche Prioritäten die Bevölkerung in diesem Thema hat – jenseits der üblichen Fragebögen und Marktforschungsstudien. So wie die Bundeskanzlerin in ihren Zukunftsprozessen ergebnisoffen in die Bevölkerung hineingehört hatte. Alle Versuche waren vergeblich. Das hielt uns nicht davon ab, den Prozess dennoch durchzuführen, mit eigenen Mitteln.

In zwei Dialogphasen luden wir 2017/18 in 20 Veranstaltungen, 20 Einzelinterviews und mit einem Online-Fragebogen zur Diskussion darüber ein, wie sich die Digitalisierung so gestalten lässt, dass sie sich möglichst positiv auf die Lebensqualität der Menschen auswirkt. Aus den Ergebnissen entwickelte das

Team von #gutlebendigital Visionen für elf Themenfelder, identifizierte 28 dazu passende Indikatoren und mehr als 50 Projekte, die die wünschenswerte Zukunft wahrscheinlicher machen. Alles wurde mit einem Blog, einer Webseite, einem Newsletter und mit Social-Media Aktivitäten begleitet und in frei zugänglichen Publikationen veröffentlicht.

Als Methode wurde innerhalb der Dialogphase auf der wertschätzenden Erkundung aufgebaut, mit den vier Fragen: Wo sehen Sie zur Zeit die positiven Auswirkungen der Digitalisierung auf die Lebensqualität der Menschen? In welchen Bereichen hat die Digitalisierung noch nicht den erhofften Einfluss auf die Lebensqualität oder sogar negative Folgen? Bitte beschreiben Sie eine ideale Zukunft aus Ihrer Sicht: Wo und wie wirkt die Digitalisierung positiv auf die Lebensqualität? Und: Wer müsste was tun, damit wir uns auf diese ideale Zukunft zubewegen?

Viele Disziplinen einbinden

Auch in diesem Prozess war eine möglichst hohe Vielfalt der Teilnehmenden wichtig. Wir konnten Veranstaltungen mit Softwareentwicklern, Unternehmern, Organisationsentwicklern, Personalern, Studierenden, Kommunikationsexperten, Immobilienexperten, Ministeriumsmitarbeitern, Rentnern, Sozialarbeitern und anderen durchführen. In den Einzelinterviews waren wir im Gespräch mit Menschen aus den Wissenschaftsdisziplinen Philosophie, Theologie, Ethik, Linguistik, Psychologie, Soziologie, Politikwissenschaften, Informatik, und auch mit Gründern und Aktivisten. Alle hatten ein großes Interesse und einige Erfahrung an der Schnittstelle von Digitalisierung und Lebensqualität.

Gerne hätten wir die Vielfalt noch weiter erhöht mit Veranstaltungen in ländlichen Regionen und durch Gespräche mit bildungs- oder digitalisierungsferneren Menschen. Gerne hätten wir auch die verschiedenen Akteure stärker untereinander ins Gespräch gebracht, statt sie nur in ihren jeweiligen Gemeinschaften aufzusuchen. Dazu hatten wir nicht genügend Ressourcen.

Die gut 1.200 Antworten aus der ersten Dialogphase gingen in eine strukturierende qualitative Inhaltsanalyse ein, aus der im Abgleich mit den Themen aus der Lebensqualitätsforschung zwölf Auswertungsfelder hervorgingen. Da wir viele Überlegungen gehört hatten zu der Frage, was uns als Menschen ausmacht, was uns im Vergleich zum Computer besonders macht und was uns wichtig ist, bekam das erste Feld den Titel „Ich: Das Individuum“.

Zudem hörten wir grundlegende Überlegungen zu Infrastruktur und zu den Voraussetzungen, die auf alle anderen Themenfelder anwendbar sind. Sie wurden im zweiten Feld „Grundlagen & Bedingungen“ zusammengefasst. Ohne die komplette inhaltliche Offenheit zu Beginn des Prozesses wäre diese wertvolle Einteilung nicht möglich gewesen. Die weiteren Themenfelder befassen sich mit Arbeit & Wirtschaft, Freizeit, Kunst & Kultur, Bildung. Gesundheit, Umwelt, Verkehr & Mobilität, Wohnen, Zusammenleben, Sicherheit, und Politik & Verwaltung. Die ersten Ergebnisse wurden in einer zweiten Dialogphase 2018/19 zur Diskussion gestellt: Ist die Beschreibung der wünschenswerten Zukunft so stimmig, oder fehlen wichtige Aspekte? Sind die vorgeschlagenen Indikatoren sinnvoll und werden sie eventuell sogar schon erhoben? Passen die Handlungsempfehlungen zum

Zukunftsbild oder fehlen wichtige Punkte? Gibt es weitere konkrete Projekte, die zum Zukunftsbild passen?

Im Prozess stieg die Zukünftebildung aller Beteiligten vor allem durch die strukturierte Beschäftigung mit der Zukunft an. Es wurden viele Annahmen über wahrscheinliche und wünschenswerte Zukünfte sichtbar. Zudem wurde durch zwei verschiedene Brillen auf die Zukunft geschaut: Digitalisierung und Lebensqualität. Für einige Akteure aus dem Digitalisierungskontext war die Fokussierung auf Lebensqualität ungewohnt.

Ebenso war für manche Personen mit Fokus auf Lebensqualität die Digitalisierungsperspektive irritierend oder sogar unangenehm. An dieser Schnittstelle wurden neue Fragen und konkrete Handlungsideen sichtbar. Alle Visionstexte, Indikatoren und Handlungsprojekte und auch vier Kernaussagen finden sich auf der Webseite des Prozesses. Ebenso die Listen mit Veranstaltungen und Interviewpartnern.

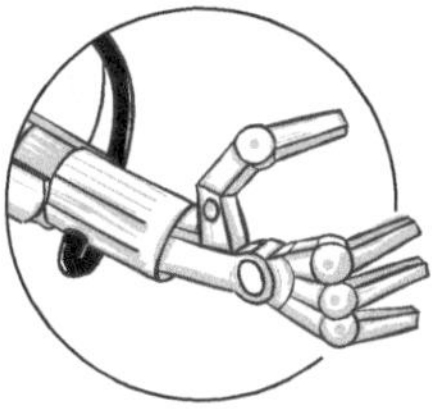

Legen Sie los

Der Prozess #gutlebendigital ist nur ein Beispiel dafür, wie man ein wichtiges Thema ergebnisoffen im Dialog und ohne riesige Ressourcen angehen kann. Wichtige Themen gibt es sicherlich viele.

> **Welche Themen liegen Ihnen am Herzen? Können Sie eine gute Leitfrage wie in Kapitel 2 beschrieben für eines davon formulieren? Welche Gruppen von Teilnehmenden könnten Sie mit welchen Partnern ansprechen? Dann legen Sie los. Setzen Sie Ihren eigenen Dialogprozess auf. Fangen Sie klein an. In Ihrer Organisation, Ihrer Gemeinde oder wo auch immer. Nicht jedes Projekt benötigt einen gesamtgesellschaftlichen Anspruch. Finden Sie Mitstreiter. Lassen Sie sich nicht von Widerständen entmutigen. Machen Sie.**

Wenn Sie mehr Hintergründe zur Vorgehensweise in #gutlebendigital haben möchten, dann schauen Sie sich die Studie zum Prozess an. Allgemeine Fragen werden im „Handbuch Lebensqualitätsprozesse“ angesprochen: Zum Beispiel: Wollen Sie mit oder ohne Indikatoren arbeiten? Wie können Dialoge geführt werden?

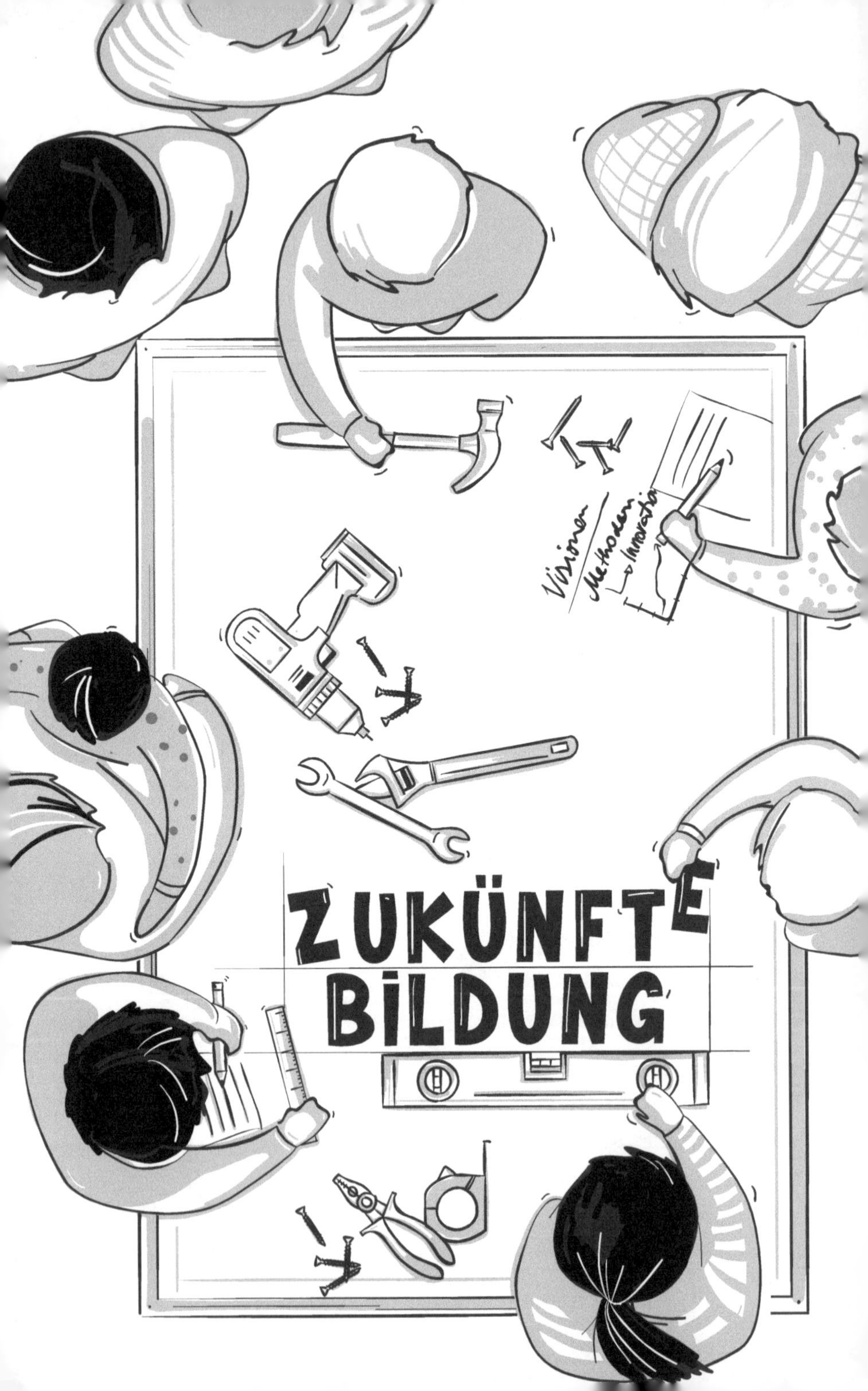
Visionen
Methoden
Innovation
ZUKÜNFTE BILDUNG

Ausblick: Zukünftebildung stärken

Die Zukunft ist nicht vorherbestimmt. Was ein Glück. Was eine Herausforderung. Die Offenheit der Zukunft als Geschenk anzunehmen und damit konstruktiv umzugehen ist nicht einfach. Aber möglich. Wir können unsere Kompetenz im bewussten Umgang mit der offenen Zukunft stärken, unsere Zukünftebildung. Unsicherheit und Komplexität werden weniger bedrohlich. Offensichtlich ist, dass unsere Vorstellungen von der Zukunft einen großen Einfluss auf unser Handeln in der Gegenwart haben. Unsere Annahmen über die Zukunft sind sehr einflussreich – und sie sind veränderbar.

Wir können unsere Vorstellungskraft trainieren, Annahmen sichtbar machen und mit ihnen experimentieren. Idealerweise machen wir das gemeinsam mit anderen, um die kollektive Intelligenz eines Systems zu nutzen und die vielen verschiedenen Zukünfte sichtbar zu machen. Mit den Worten von Karl Popper „Unser Verständnis von der Welt verändert die Bedingungen einer sich verändernden Welt; ebenso wie unsere Wünsche, unsere Vorlieben, unsere Motivationen, unsere Hoffnungen, unsere Träume, unsere Phantasien, unsere Hypothesen, unsere Theorien.“ (Eine Welt der Propensitäten, 1995)

Vorteile höherer Zukünftebildung

Eine gestärkte Zukünftebildung hat viele Vorteile. Erstens eröffnen eine stärkere Vorstellungskraft und eine größere Vielfalt von Zukunftsbildern neue Optionen für heutiges Handeln. Zukünftebildung ist ein Weg zu mehr Kreativität und Innovation. Sie bietet Räume für Emergenz in komplexen Systemen. So vergrößert sich zweitens das Spektrum der Sensoren, mit denen wir neue Informationen aufnehmen. Dadurch können wir Ereignisse mitbekommen, die wir sonst nicht wahrgenommen hätten. Neue Indikatoren werden erarbeitet, neue Wege der Informationsbeschaffung angegangen. Die Wahrnehmungskraft nimmt zu, auch für das, was wir loslassen können. Drittens nimmt das Verständnis heutiger Systeme und Themen zu, wenn man durch die Zukunftsbrille auf sie schaut. Zusammenhänge werden sichtbar zwischen Menschen und zwischen Themen. Ebenso tieferliegende Ursachen aktueller Herausforderungen und viele im System verteilte Aktivitäten und Projekte in der Gegenwart.

Viele Methoden im Werkzeugkasten

Dieses Buch hat eine Vielfalt von Wegen und Methoden gezeigt, wie man die Zukunft heute nutzen kann. Angefangen beim Dialog, der uns mit den Worten von David Bohm (1996) in die Lage versetzen soll „alle Ansichten gleichermaßen zu betrachten“, damit wir fähig werden, uns auf kreative Weise in eine neue Richtung zu bewegen. Im Dialog werden die Perspektiven und Annahmen der verschiedenen Teilnehmenden sichtbar gemacht. Am Beginn eines Dialogs und jedes größeren Zukunftsprojekts steht eine gute Frage, die für die Beteiligten relevant sein sollte und zu tieferem Nachdenken anregt. Dialoge sind ohne großen Aufwand im Kleinen anwendbar und haben das Potential Großes anzustoßen. Ähnliches gilt für die wertschätzende Erkundung.

Einen etwas formaleren Zugang zur Zukunft bietet die hier vorgestellte Szenariomethode. Je nach den bisherigen Erfahrungen kann der Fokus auf vier Szenarien massiv öffnend oder auch einschränkend wirken. Wie bei jeder der hier vorgestellten Methoden geht es darum, den jeweils passenden Umgang für die besondere Herausforderung des Themas, der Organisation oder des Gastgebers zu finden. Erfahrene externe Prozessbegleitung ist in jedem Fall zu empfehlen.

Die Methoden des Visionierens und der Zukunftssuche können mit ihrem klaren Fokus und dem Einsatz der kollektiven Intelligenz viele Annahmen und Zusammenhänge sichtbar machen und große Handlungsdynamik entfalten lassen. Sie können aber auch einengend wirken, da sie sich auf lediglich eine einzige Zukunft fokussieren. Dessen sollte man sich bewusst sein und in einen längeren Prozess eventuell andere Methoden einflechten.

Besonders hohe Innovationskraft bieten die kausale Mehrebenenanalyse und vor allem die Zukünftelabore, in denen die Mehrebenenanalyse oft in der ersten Phase eingesetzt wird. In den Zukünftelaboren kann alles zusammenkommen: Eine gute Frage, eine hohe Vielfalt der Teilnehmenden, der Dialog über wünschenswerte und wahrscheinliche Zukünfte, die (spielerische) Öffnung zu alternativen Zukünften und die Handlungsorientierung.

Ergänzend können Zahlen und Indikatoren dem Dialog eine zusätzliche Basis geben und die Suche nach Prioritäten für Handeln in der Gegenwart erleichtern. Digitale Werkzeuge ermöglichen Zukunftsprozesse mit vielen Teilnehmenden und eine zusätzliche Ebene der Zusammenarbeit. Spielerische und künstlerische Zugänge, wie Kartenspiele, Skulpturen oder Improvisation, ermöglichen zusätzliche Freude an der Zukunftsarbeit, Spontanität und ergänzende Zugänge über den analytischen hinaus.

Gemeinsam machen

Am besten gelingt diese Zukünftearbeit durch gemeinsames Machen, Ausprobieren, Anfangen. Dazu hat Sie dieses Buch hoffentlich inspiriert und ermutigt. Egal in welcher Organisation, zu welchem Thema, mit welchen Netzwerken, mit wie wenig Ressourcen Sie unterwegs sind. Die Beispiele im dritten Teil sind nur das: Beispiele, die Ihnen Anregungen für Ihren spezifischen Kontext geben sollen. Fangen Sie klein an. Experimentieren Sie mit neuen Methoden oder Elementen davon. Haben Sie Freude an der Zusammenarbeit mit anderen. Seien Sie offen für das, was entstehen will.

Das perfekte Zukunftsprojekt gibt es nicht. Kompromisse und sogar Enttäuschungen sind unvermeidlich. Wenn Ihr Projekt besser ist als frühere Projekte, dann haben Sie viel erreicht. „Besser" kann bedeuten, dass Sie eine größere Vielfalt von Perspektiven einbezogen haben, oder dass Sie neue, bessere Fragen thematisiert haben, oder dass Sie mehr Raum für Emergenz gelassen haben, oder oder. Die Verantwortung liegt nicht allein auf Ihren Schultern. Gehen Sie davon aus, dass an vielen anderen

Stellen auch zu Zukunftsthemen gearbeitet wird. Tasten Sie sich vor, bauen Sie auf dem auf, was schon da ist. Lassen Sie sich nicht von Buchautoren vorschreiben, was Sie tun oder lassen sollen. Haben Sie Freude am Experimentieren. Legen Sie die Basis für nicht vorhersehbare Folgeprojekte. Für sich selbst, für Ihre Organisation, für die Gesellschaft. Seien Sie der Humus, auf dem Neues entstehen kann.

Index

H

I

J

K

L

M

ISBN 978-3-7531-1602-0
www.epubli.de